... einfach klassisch

Friedrich Schiller
Wilhelm Tell

Drama

AF203131

Auf der Grundlage der Originalausgabe von 1804
für die Schule bearbeitet von

Diethard Lübke

- ■ in neuer Rechtschreibung
- ■ dem modernen Deutsch angepasst
- ■ angemessen gekürzt
- ■ mit Infos, erläuternden Abbildungen
  und Verständnisfragen

Cornelsen

Inhaltsübersicht

Seite

1. Aufzug, 1. Szene

Wenn der Vorhang aufgeht, sehen wir die friedliche Schweizer Alpenlandschaft am Vierwaldstätter See. Ein Fischer sitzt in seinem Boot, ein Hirte treibt seine Kühe von den Bergen ins Tal. Aus einer Hütte am Ufer kommt Ruodi, der Fischer. Werni, der Jäger, steigt vom Felsen. Kuoni ist ein Hirte, Seppi sein Gehilfe. Plötzlich verändert sich das Wetter. Ein Gewitter zieht auf. – Die Handlung wird sehr spannend, als Konrad Baumgarten atemlos ans Ufer gelaufen kommt.

Baumgarten. Um Gottes willen, Fährmann[1], Euren Kahn!
Ruodi. Nun, nun, was gibt's so eilig?
Baumgarten.   Bindet los!
Ihr rettet mich vom Tode! Setzt mich über!
5 **Ruodi.** Landsmann, was habt Ihr?
Werni.   Wer verfolgt Euch denn?
Baumgarten *(zum Fischer).*
Eilt, eilt, sie sind mir dicht schon auf den Fersen!
Des Landvogts[2] Reiter kommen hinter mir,
10 ich bin ein Mann des Todes, wenn sie mich ergreifen.

Alle wollen wissen, warum Baumgarten verfolgt wird. Er erzählt, dass der Landvogt Wolfenschießen in sein Haus kam, als seine Frau gerade allein war. Der böse Vogt wollte sie verführen. Baumgarten wurde gerufen und hat den Verführer seiner Frau mit der Axt erschlagen. – Jetzt sind die Reiter des Landvogts hinter ihm her.

Baumgarten. Indem wir sprechen – Gott – vergeht die Zeit –
(Es fängt an zu donnern.)

1 Der Fährmann setzt die Leute von einem Ufer zum anderen über.
2 Der Vogt regiert das Land im Auftrag des Kaisers.

Kuoni. Frisch, Fährmann – schaff den guten Mann hinüber!

Ruodi. Geht nicht. Ein schweres Ungewitter zieht
herauf. Ihr müsst warten.

Baumgarten.   Heiliger Gott!

5 Ich kann nicht warten. Jedes Zögern tötet –

Kuoni *(zum Fischer)*.

Greif zu den Rudern! Dem Nächsten muss man helfen:
Es kann uns allen Gleiches ja geschehen.

(Brausen und Donnern.)

10 **Ruodi.** Der Sturm bricht los, ihr seht, wie hoch der See geht.
Ich kann nicht steuern gegen Sturm und Wellen.

Baumgarten *(umfasst seine Knie)*.

So helf Euch Gott, wenn Ihr Euch meiner erbarmt –

Werni. Es geht ums Leben. Sei barmherzig, Fährmann.

15 **Kuoni.** Es ist ein Familienvater und er hat Frau und Kinder!

(Wiederholte Donnerschläge.)

Ruodi. Was? Ich hab auch ein Leben zu verlieren,
hab Frau und Kind daheim, wie er – Seht hin,
wie's brandet, wie es wogt und Wirbel zieht

20 und alle Wasser aufrührt in der Tiefe.
– Ich wollte gern den guten Mann erretten,
doch es ist rein unmöglich, ihr seht selbst.

Baumgarten *(noch auf den Knien)*.

So muss ich fallen in des Feindes Hand,

25 das nahe Rettungsufer vor den Augen!
Da ist der Kahn, der mich hinüberbringen könnte,
und muss hier liegen, hilflos, und verzweifeln!

Kuoni. Seht, wer da kommt!

Werni.   Es ist der Tell aus Bürglen[1].

30 *(Tell mit der Armbrust.)*

Tell. Wer ist der Mann, der hier um Hilfe bittet?

---

1 Bürglen: Dorf in Uri im Schächental

4

Kuoni. Es ist ein Mann aus Alzell. Er hat seine Ehr'
verteidigt und den Wolfenschieß erschlagen,
des Landvogts Reiter sind ihm auf den Fersen,
er bittet den Schiffer um die Überfahrt;
5 der fürchtet sich vor dem Sturm und will nicht fahren.
Ruodi. Da ist der Tell, der kann gut rudern,
der soll mir's sagen, ob die Fahrt zu wagen ist.
Tell. Wo's nottut, Fährmann, lässt sich alles wagen.
(Heftige Donnerschläge, die Wellen branden auf.)
10 **Ruodi.** Ich soll mich in den Höllenrachen stürzen?
Das täte keiner, der bei Sinnen ist.

Blankverse

„Wilhelm Tell" ist ursprünglich in Versen geschrieben. Sie
heißen „Blankverse", weil sie meistens keinen Reim haben.
Die Verse bestehen aus fünf betonten Silben und aus fünf
oder sechs unbetonten Silben. Eine unbetonte und eine
betonte Silbe nennt man „Jambus". (Der Vers beginnt
immer mit einer unbetonten Silbe.) – Damit der Text gut les-
bar ist, wurden die Blankverse manchmal nicht beibehalten.

Durch diese hohle Gasse muss er kommen:

Es führt kein andrer Weg nach Küßnacht – Hier

vollend' ich's. – Die Gelegenheit ist günstig.

Innerhalb eines Verses kann der Sprecher wechseln:

Baumgarten. Um Gottes willen, Fährmann, Euren Kahn!

Ruodi. Nun, nun, was gibt's so eilig?

Baumgarten.   Bindet los!

Tell. Der brave Mann denkt an sich selbst zuletzt,
vertrau auf Gott und rette den Bedrängten!
Ruodi. Da ist der Kahn und dort der See! Versucht's!
Tell. Der See kann sich erbarmen, der Landvogt nicht.
5 Versuch es, Fährmann!
Hirten und Jäger.   Rett ihn! Rett ihn! Rett ihn!
Ruodi. Und wär's mein Bruder und mein leiblich Kind,
es kann nicht sein ...
Tell. Mit Redereien wird hier nichts geschafft;
10 die Zeit drängt, dem Mann muss geholfen werden.
Sprich, Fährmann, willst du fahren?
Ruodi.   Nein, nicht i c h!
Tell. In Gottes Namen denn! Gib her den Kahn!
Ich will's mit meiner schwachen Kraft versuchen.
15 **Kuoni.** Ha, tapfrer Tell!
Baumgarten. Mein Retter seid Ihr und mein Engel, Tell!

Tell und Baumgarten springen in den Kahn und stoßen ab. Alle
sehen vom Ufer zu, wie der Kahn auf den Wellen tanzt. Manchmal ist er nicht mehr zu sehen, dann taucht er wieder auf ... –
Plötzlich sehen sie die Reiter des Landvogts in vollem Galopp
kommen.

Erster Reiter.
Den Mörder gebt heraus, den ihr verborgen habt!
Zweiter. *Den* Weg kam er: Vergeblich versteckt ihr ihn.
20 **Kuoni und Ruodi.** Wen meint ihr, Reiter?
Erster Reiter *(entdeckt den Kahn).*   Ha, was seh ich!
Teufel!
Werni *(oben).*
Ist's *der* im Kahn, den ihr sucht? – Reitet hinterher!
25 Wenn ihr euch anstrengt, holt ihr ihn noch ein.
Zweiter. Verflucht! Er ist entwischt.

6

Erster *(zum Hirten und zum Fischer).*

Ihr habt ihm zur Flucht verholfen,

ihr sollt es büßen – Tötet ihre Herde!

Die Hütte reißt ein, brennt und schlagt nieder! *(Sie eilen fort.)*

5 **Seppi** *(läuft hinterher).* O meine Lämmer!

Kuoni *(folgt).* Weh mir, meine Herde!

Werni. Die Wütenden!

Ruodi *(ringt die Hände).* Gerechtigkeit des Himmels!

Wann wird der Retter kommen für dieses Land? *(Folgt ihnen.)*

> **1.** Warum wird Baumgarten von den Reitern des
>   Landvogts verfolgt? Welche Strafe hat er zu erwarten?
> **2.** Warum hilft ihm Ruodi nicht? – Wer hilft ihm?
> **3.** Wie rächen sich die Reiter an den Fluchthelfern?

1. Aufzug, 2. Szene

Werner Stauffacher, ein reicher Bauer aus Steinen (in Schwyz),
hat sich ein schönes neues Bauernhaus gebaut. Er ist besorgt
wegen der Unterdrückung der Schweizer durch die Vögte.
Kummervoll sitzt er auf einer Bank unter einer Linde. – So findet
ihn Gertrud, seine Frau, die sich neben ihn stellt und ihn eine
Zeit lang schweigend betrachtet.

10 **Gertrud.** So ernst, mein Freund? Ich kenne dich nicht mehr.

Schon viele Tage sehe ich schweigend,

wie finstrer Trübsinn deine Stirne furcht.

Auf deinem Herzen drückt ein stiller Kummer.

Vertrau es mir an: Ich bin doch deine treue Frau.

15 **Stauffacher.** Vor dieser Linde saß ich kürzlich, wie heute,

7

da kam von Küßnacht, seiner Burg,
der Vogt mit seinen Reitern hier entlang.
Vor diesem Haus hielt er verwundert an;
doch ich erhob mich schnell, und unterwürfig,
5 wie sich's gehört, trat ich dem Herrn entgegen,
der hier des Kaisers richterliche Macht
vertritt im Lande. „Wem gehört dies Haus?",
fragte er in böser Absicht, denn er wusste es wohl.
Doch schnell besonnen, antwortete ich ihm so:
10 „Dies Haus, Herr Vogt, gehört meinem Herrn, dem Kaiser,
und Euch und ist mein Lehen[1]." – Da antwortete er:
„Ich bin Regent im Land an Stelle des Kaisers
und will nicht, dass der Bauer Häuser baue
nach eigenen Plänen und ebenso frei
15 lebe, als ob er Herr wäre in diesem Lande:
Ich werde alles tun, Euch das zu verbieten."
Dies sagte er und ritt stolz von dannen.
Ich aber blieb mit kummervoller Seele,
über das Wort nachdenkend, das der Böse sprach.
20 **Gertrud** *(tritt näher)*. So höre meinen Rat! Du weißt, wie hier
in Schwyz sich alle guten Leute beklagen
wegen des Landvogts Gier und Tyrannei.
So zweifle nicht, dass sie dort drüben auch
in Unterwalden und im Urner Land
25 die Unterdrückung nicht mehr ertragen.
Drum wär es gut, dass einige von euch,
die's redlich meinen, still zu Rate gingen,
wie man die Unterdrückung beenden könnte;
ich glaube bestimmt, Gott würd' euch nicht verlassen
30 und der gerechten Sache gnädig sein.

---

1 Das ganze Reich gehört dem Kaiser, so auch dieses Haus. Damit unterwirft
sich Stauffacher nur dem Kaiser, nicht aber dem Herzog von Österreich
und seinem Vogt.

Stauffacher *(Er steht auf).*
Frau, welchen Sturm gefährlicher Gedanken
weckst du mir in der stillen Brust!
Was ich mir zu denken insgeheim verbot,
5 du sprichst es mit leichter Zunge mutig aus. –
Hast du auch wohl bedacht, was du mir rätst?
Den wilden Streit und den Klang der Waffen
rufst du in dieses friedliche Tal. –
Sollen wir, ein schwaches Volk von Hirten, es wagen,
10 in den Kampf zu ziehn gegen den Herrn der Welt[1]?
Der gute Vorwand nur ist's, auf den sie warten,
um loszulassen auf dies arme Land
die wilden Horden ihrer Kriegsmacht.
Gertrud. Ihr seid *auch* Männer, wisst eure Axt
15 zu führen, und dem Mutigen hilft Gott!
Stauffacher. O Frau! Ein schreckliches Ereignis ist
der Krieg: Die Herde vernichtet er und den Hirten.
Gertrud. Ertragen muss man, was der Himmel sendet,
Ungerechtigkeit erträgt kein edles Herz.
20 **Stauffacher.**
Dies Haus erfreut dich, das wir neu erbauten;
der Krieg, der ungeheure, brennt es nieder.
Gertrud.
Wüsste ich mein Herz an vergänglichem Besitz gefesselt,
25 in Brand stecken würde ich das Haus mit eigener Hand.
Stauffacher.
Du glaubst an Menschlichkeit! Es verschont der Krieg
auch nicht das zarte Kindlein in der Wiege.
Gertrud.
30 Die Unschuld hat im Himmel einen Freund! –
Sieh vorwärts, Werner, und nicht hinter dich!

1 Herr der Welt: Damit ist hier der Kaiser gemeint.

Stauffacher.
Wir Männer können tapfer fechtend sterben:
Welches Schicksal aber wird das *eure* sein?
Gertrud.
5 Die letzte Wahl steht auch dem Schwächsten offen:
Ein Sprung von dieser Brücke macht mich frei.
Stauffacher *(wirft sich in ihre Arme).*
Wer solch ein Herz an seine Brust drückt,
der kann für Herd und Hof mit Freuden fechten,
10 und keines Königs Heermacht fürchtet er. –
Nach Uri fahre ich gleich heute noch,
dort lebt mein Freund, Herr Walter Fürst,
der über diese Zeiten denkt wie ich.
Mit ihm werde ich beraten, wie man sich
15 gegen den Landesfeind mutig wehren könnte. –
Leb wohl. –
(Während sie in den Hintergrund gehen, kommt Wilhelm Tell
mit Baumgarten vorn auf die Bühne.)
Tell *(zu Baumgarten).*
20 Ihr braucht mich jetzt nicht mehr,
in jenes Haus könnt ihr gehen, dort wohnt
der Stauffacher, ein Vater der Verfolgten. –
Doch sieh, das ist er selber. – Folgt mir, kommt!
(Sie gehen auf ihn zu.)

1. Warum ist Stauffacher am Anfang der Szene so besorgt?
2. Welchen Rat gibt ihm Gertrud?
3. Was meint Gertrud, wenn sie sagt: „Ein Sprung von
   dieser Brücke macht mich frei"?

1. Aufzug, 3. Szene

In Altdorf lässt der Vogt eine neue Festung bauen. Die Schweizer müssen Frondienste leisten, das sind unbezahlte Dienste für den Herrn. Die hintere Seite der Festung ist bereits fertig, an der vorderen wird gebaut, das Gerüst steht noch, an dem die Handwerker auf- und niedersteigen.
Alles ist in Bewegung und Arbeit.

Fronvogt *(mit dem Stock, treibt die Arbeiter an).*
Nicht lang gefeiert, frisch! Die Mauersteine
herbei! Den Kalk, den Mörtel zugefahren!
Wenn der Herr Landvogt kommt, dass er das Werk
5 gewachsen sieht. – Die schleichen wie die Schnecken.
(Zu zwei Handlangern, die Baumaterialien tragen.)
Heißt das geladen? Gleich das Doppelte!
Erster Gesell. Das ist doch hart, dass wir die Steine selbst
zu unserem Gefängnis heranfahren sollen!
10 **Fronvogt.** Was murrt ihr? Das ist ein schlechtes Volk,
zu nichts zu gebrauchen, als das Vieh zu melken
und faul herumzuschlendern auf den Bergen.
Alter Mann *(ruht aus).* Ich kann nicht mehr.
Fronvogt *(schüttelt ihn).*   Frisch, Alter, an die Arbeit!
15 **Erster Gesell.** Habt Ihr denn gar kein Herz, dass Ihr
den Greis, der kaum sich selber schleppen kann,
zum harten Frondienst treibt?
Meister Steinmetz und Gesellen. Es ist himmelschreiend!
Fronvogt. Sorgt ihr für euch; ich tu, was meines Amtes ist.
20 **Zweiter Gesell.**
Fronvogt, wie wird die Festung denn sich nennen,
die wir da bauen?
Fronvogt.   *Zwing Uri* soll sie heißen!
Denn mit ihr wird man euch zum Gehorsam zwingen.

Gesellen. Zwing Uri!

Fronvogt. Nun, was gibt's dabei zu lachen?

Zweiter Gesell. Mit diesem Häuslein wollt Ihr Uri bezwingen?

Erster Gesell. Lass sehen, wie viele solcher Maulwurfshaufen
5 man übereinandersetzen muss, bis ein Berg
daraus wird, wie auch nur der kleinste ist in Uri!

(Fronvogt geht in den Hintergrund.)

Meister Steinmetz. Den Hammer werf' ich in den tiefsten See,
der mir gedient bei dem verfluchten Gebäude!

10 *(Tell und Stauffacher kommen.)*

Stauffacher. O hätt' ich nie gelebt, um das zu schauen!

Tell. Hier ist nicht gut sein. Lasst uns weitergehen.

Stauffacher. Bin ich in Uri, in dem Land der Freiheit?

Meister Steinmetz. O Herr, wenn Ihr die Keller gesehen hättet
15 unter den Türmen! Ja, wer *die* bewohnt,
der wird den Hahn nicht mehr krähen hören!

Stauffacher. O Gott!

Steinmetz. Seht diese Wände, diese Stützpfeiler,
die stehen, wie für die Ewigkeit gebaut!

20 **Tell.** Was Hände bauten, können Hände stürzen.

(Auf die Berge zeigend.)

Das Haus der Freiheit hat uns Gott gegeben.

*(Man hört eine Trommel, es kommen Leute, die einen Hut auf einer
Stange tragen, ein Ausrufer folgt ihnen, Frauen und Kinder drängen
25 sich lärmend hinterher.)*

Erster Gesell. Was will die Trommel? Gebt Acht!

Meister Steinmetz. Was für
ein Fasnachtsaufzug, und was soll der Hut?

Ausrufer. In des Kaisers Namen! Hört!

30 **Gesellen.** Still doch! Hört!

Ausrufer. Ihr seht diesen Hut, Männer von Uri!
Aufrichten wird man ihn auf hoher Säule,
mitten in Altdorf, an der höchsten Stelle,

und dieses ist des Landvogts Wille und Befehl:
Dem Hut soll gleiche Ehre wie ihm selbst geschehen,
man soll ihn mit gebeugtem Knie und mit
entblößtem Haupt verehren. – Daran will
5 der König die erkennen, die gehorsam sind.
Bestraft wird vom König an seinem Leib und Gut,
wer das Gebot missachtet.
(Das Volk lacht laut auf, die Trommel wird geschlagen,
sie gehen vorüber.)
10 **Erster Gesell.** Was hat sich der Vogt da ausgedacht?
Wir sollen einen *Hut* verehren?
Sagt! Hat man so etwas je gehört?
Meister Steinmetz. Wir unsere Knie beugen vor einem Hut!
Treibt er seinen Spaß mit ernsthaft würdigen Leuten?
15 **Erster Gesell.** Wär's wenigstens die kaiserliche Krone! So ist's
der Hut von Österreich!
Tell *(zu Stauffacher).*
Ihr wisst nun Bescheid. Lebt wohl, Herr Werner!
Stauffacher. Wo wollt Ihr hin? O eilt nicht so von dannen.
20 **Tell.** Meine Familie braucht den Vater. Lebt wohl.

INFO

Der Hut auf der Stange

Der König trug als Zeichen seiner Würde eine *Krone*, die Herzöge und (Kur-)Fürsten einen *Hut*. – Beim „Hut auf der Stange" handelt es sich also nicht um irgendeinen gewöhnlichen Hut, sondern um das Zeichen des Herzogs von Österreich. Wenn die Schweizer diesen „Hut" verehren, geben sie ihre Freiheit auf und unterwerfen sich dem Herzog von Österreich, der damals gleichzeitig deutscher König und Kaiser war.

Stauffacher.
Mir ist das Herz so schwer, ich würd gern mit Euch reden.
Tell. Das schwere Herz wird nicht durch Worte leicht.
Stauffacher. Doch Worte könnten uns zu Taten führen.
5 **Tell.** Die einzige Tat ist jetzt Geduld und Schweigen.
Stauffacher. Wir könnten viel, wenn wir zusammenhielten.
Tell. Beim Schiffbruch hilft der Einzelne sich leichter.
Stauffacher. So kühl verlasst Ihr die gemeinsame Sache?
Tell. Ein jeder kann sich nur auf sich selbst verlassen.
10 **Stauffacher.** Verbunden werden auch die Schwachen mächtig.
Tell. Der Starke ist am mächtigsten *allein*.
Stauffacher. So kann das Vaterland mit Euch nicht rechnen,
wenn es verzweiflungsvoll zur Notwehr greift?
Tell *(gibt ihm die Hand)*.
15 Der Tell holt ein verlornes Lamm vom Abgrund
und sollte seinen Freunden nicht helfen?
Doch *was* ihr tut, lasst mich aus eurem *Rat*[1],
ich kann nicht lange prüfen oder wählen;
braucht ihr mich aber zu einer bestimmten *Tat*,
20 dann ruft den Tell, es soll an mir nicht fehlen.
(Sie gehen ab nach verschiedenen Seiten.)

Plötzlich entsteht ein Menschenauflauf am Gerüst. Ein Dach-
decker ist abgestürzt. Er ist tot.

1 Rat: Ratsversammlung

> **1.** Wer baut die Festung „Zwing Uri"?
> Warum wird sie gebaut?
> **2.** Warum lässt der Landvogt den „Hut" in Altdorf auf-
> stellen?
> **3.** Welche Absage bekommt Stauffacher von Tell?

1. Aufzug, 4. Szene

Melchtal, ein junger Bauer aus dem Kanton Unterwalden, ist vor dem Vogt zu Walter Fürst nach Uri geflüchtet. – Walter Fürst kommt gerade in seine Wohnung zurück.

Melchtal. Herr Walter Fürst –
Walter Fürst. Wenn man uns überrascht!
Bleibt, wo Ihr seid. Wir sind umgeben von Spionen.
Melchtal. Bringt Ihr mir nichts Neues aus Unterwalden? Nichts
5 von meinem Vater? Ich ertrag's nicht länger,
wie ein Gefangener untätig hierzubleiben.
Was hab ich denn so Sträfliches getan,
um mich wie ein Mörder zu verstecken?
Dem frechen Kerl, der die Ochsen mir,
10 das beste Gespann, vor meinen Augen
wegtreiben wollte auf des Vogts Befehl,
hab ich den Finger mit dem Stock gebrochen.
Walter Fürst. Ihr seid zu hitzig. Der Kerl dient dem Vogt,
Ihr hattet Euch strafbar gemacht, musstet Euch,
15 wie schwer sie war, der Strafe schweigend fügen.
Melchtal. Ertragen sollt' ich die verächtliche Rede
des Unverschämten: „Wenn der Bauer Brot
essen will, mag er selbst am Pfluge ziehen!"
Es schmerzte mich zutiefst, als der Kerl die Ochsen,
20 die schönen Tiere, von dem Pflug abspannte;
dumpf brüllten sie und stießen mit den Hörnern. –
Da geriet ich in gerechten Zorn, ich verlor
meine Selbstbeherrschung und schlug den Boten.
Walter Fürst. O kaum bezwingen wir das eigne Herz:
25 Wie soll die hitzige Jugend sich beherrschen!
Melchtal. Mir tut nur der Vater leid. – Er braucht
so sehr die Pflege und sein Sohn ist fern.

Der Vogt hasst ihn, weil er stets
für Recht und Freiheit redlich hat gestritten.
Drum werden sie den alten Mann unter Druck setzen,
und niemand ist da, der ihn vor Schaden schützt. –
5 Werde mit mir, was will, ich muss hinüber.
Walter Fürst. Wartet nur und fasst Euch in Geduld,
bis Nachricht kommt aus Unterwalden. –
Ich höre klopfen, geht. – Vielleicht ein Bote
vom Landvogt. – Geht hinein!
10 Ich ruf Euch wieder, wenn's hier sicher ist.
(Melchtal geht hinein.)
Der Unglückliche, ich darf ihm nicht
gestehen, was ich Böses vermute. – Wer klopft?
Sooft die Türe knarrt, erwarte ich Unglück.
15 *(Er öffnet und tritt erstaunt zurück,*
als Werner Stauffacher hereintritt.)
Was seh ich? Ihr, Herr Werner! Nun, bei Gott
ein werter, teurer Gast – kein besserer Mann
ist über diese Schwelle jemals gegangen.
20 Seid hochwillkommen unter meinem Dach!
Was führt Euch her? Was sucht Ihr hier in Uri?
Stauffacher *(ihm die Hand reichend).*
Die alten Zeiten und die alte Schweiz.

Stauffacher erzählt ihm, dass er die neue Zwingburg gesehen hat.
Beide sind darüber entsetzt. Er erzählt auch von der Flucht von
Baumgarten, dem Tell geholfen hat. Dann berichtet er von dem
alten Melchtal, ohne zu wissen, dass dessen Sohn im Neben-
zimmer ist und zuhören kann.

Stauffacher. Noch Schrecklicheres hat mir derselbe Mann
25 berichtet, was in Unterwalden geschehen ist;
das Herz muss jedem guten Menschen bluten.

Walter Fürst *(aufmerksam)*. Sagt an, was ist's?

Stauffacher. Im *Melchtal* wohnt ein gerechter Mann,
sie nennen ihn den *Heinrich* von der *Halden*
und seine Stimme gilt etwas in der Gemeinde.

5 **Walter Fürst.**
Wer kennt ihn nicht! Was ist mit ihm? Sprecht weiter.

Stauffacher. Der Landvogt strafte seinen Sohn
wegen eines kleinen Fehlers, ließ die Ochsen,
das beste Paar, ihm aus dem Pfluge spannen,

10 da schlug der Sohn den Knecht und flüchtete.

Walter Fürst *(in höchster Spannung)*.
Der Vater aber – sagt, wie steht's um den?

Stauffacher. Den Vater lässt der Landvogt vorladen,
zur Stelle schaffen soll er ihm den Sohn,

15 und da der alte Mann wahrheitsgemäß schwört,
er habe von dem Flüchtling keine Nachricht,
da lässt der Vogt die Folterknechte kommen –

Walter Fürst *(springt auf und will ihn auf die andere Seite führen)*.
O still, nichts mehr!

20 **Stauffacher** *(lauter redend)*.
„Ist mir der Sohn entgangen,
so hab ich *dich*!" – Lässt ihn zu Boden werfen,
den spitzen Stahl ihm in die Augen bohren –

Walter Fürst. Barmherziger Himmel!

25 **Melchtal** *(aus dem Nebenraum)*. In die Augen, sagt Ihr?

Stauffacher *(erstaunt zu Walter Fürst)*.
Wer ist der Jüngling?

Melchtal *(fasst ihn mit krampfhafter Heftigkeit)*.
In die Augen? Redet!

30 **Walter Fürst.** O der Bedauernswerte!

Stauffacher. Wer ist's?

(Walter Fürst gibt ihm ein Zeichen.)
Der Sohn ist's? Allgerechter Gott!

Melchtal.   Und ich
muss fern sein! – In seine beiden Augen?
Walter Fürst.
Nehmt Euch zusammen! Ertragt es wie ein Mann!
5 **Melchtal.** Wegen *meiner* Schuld, wegen *meiner* Straftat –
Blind also! Wirklich *blind*, und *ganz* geblendet?
Stauffacher. Das Licht der Sonne schaut er niemals wieder.
Walter Fürst. Vergrößert nicht seine Schmerzen!
Melchtal.   Niemals! Niemals wieder!
10 *(Er drückt die Hand vor die Augen und schweigt einige Momente;*
dann wendet er sich von dem einen zu dem anderen und spricht
mit sanfter, von Tränen erstickter Stimme.)
Oh, eine edle Himmelsgabe ist
das Licht des Auges. – Alle Wesen leben
15 vom Licht, jedes glückliche Geschöpf. –
Die Pflanze selbst kehrt freudig sich zum Licht.
Und *er* muss sitzen, fühlend, in der Nacht,
im ewig Finstern – ihn erfreut nicht mehr
der Wiesen warmes Grün, der Blumen Glanz,
20 die Abendsonne auf den Schneegipfeln –
sterben ist nichts – doch *leben* und nicht *sehen*,
das ist ein Unglück. – Warum seht Ihr mich
so mitleidig an? Ich habe zwei gesunde Augen
und kann dem blinden Vater keines geben,
25 nicht einen Schimmer von dem Meer des Lichts,
das glanzvoll, blendend mir ins Auge dringt.
Stauffacher.
Ach, ich muss Euren Jammer noch vergrößern,
denn alles hat der Landvogt ihm geraubt,
30 nichts hat er ihm gelassen als den Stab,
um nackt und blind von Tür zu Tür zu wandern.
Melchtal.
Was für ein elender Feigling bin ich,

dass ich an *meine* Sicherheit gedacht
und nicht an deine! – Dein geliebtes Haupt
als Pfand gelassen in des Wüterichs Händen!
Feige Vorsicht, verschwinde! – An nichts
5 als blutige Vergeltung will ich denken,
nach Hause will ich – keiner soll mich halten –
des Vaters Auge von dem Landvogt fordern. –
Aus allen seinen Rittersleuten heraus
will ich ihn finden. – Nichts liegt mir am Leben!
10 *(Er will gehen.)*
Walter Fürst.   Bleibt!
Was könnt Ihr gegen ihn ausrichten? Er sitzt
auf seiner hohen Herrenburg und spottet über
ohnmächtigen Zorn in seiner sicheren Festung.
15 **Melchtal.**
Ich verschaffe mir Zugang! Mit zwanzig Freunden,
gesinnt wie ich, zerbreche ich seine Festung. –
Und wenn mir niemand folgt und wenn ihr alle,
aus Angst um eure Hütten und für eure Herden,
20 euch dem Tyrannen beugt – die Hirten
will ich zusammenrufen im Gebirge, und
dort, unterm freien Himmelsdache, wo
der Sinn noch frisch ist und das Herz gesund,
das ungeheuer Grässliche erzählen.
25 **Stauffacher** *(zu Walter Fürst).*
Es ist der Gipfel des Unrechts. – Wollen wir
abwarten, bis das Äußerste –
Melchtal.   Welch Äußerstes
ist noch zu fürchten, wenn der Stern des Auges
30 in seiner Höhle nicht mehr sicher ist? –
Sind wir denn wehrlos? Wozu lernten wir
die Armbrust spannen und die schwere Wucht
der Streitaxt schwingen –

Walter Fürst. Wenn die drei Kantone[1] dächten wie wir drei,
so könnten wir vielleicht etwas ausrichten.
Stauffacher. Wenn Uri ruft, wenn Unterwalden hilft,
der Schwyzer wird die alten Bündnisse ehren.
5 **Melchtal.** Groß ist in Unterwalden meine Freundschaft
und jeder wagt mit Freuden Leib und Blut.

Die drei Männer überlegen, ob ein Bündnis gegen die grausamen
Landvögte möglich ist.

Walter Fürst.
Wäre ein Schiedsrichter zwischen uns und Österreich,
so würde nach Recht entschieden werden und Gesetz,
10 doch der uns unterdrückt, ist unser Kaiser
und höchster Richter – so muss *Gott uns helfen*
durch unsern Arm. – Befragt *Ihr* die Männer
in Schwyz, *ich* will in Uri Freunde werben.
Wen aber senden wir nach Unterwalden? –
15 **Melchtal.** Mich sendet hin! – Wen betrifft es mehr –
Walter Fürst.
Ich lasse es nicht zu: Ihr seid mein Gast, ich muss
für Eure Sicherheit garantieren!
Melchtal.   Lasst mich!
20 Die Schleichwege kenne ich und die Pfade,
auch Freunde finde ich genug, die mich vor dem Feind
verstecken und mir Unterkunft gewähren.
Stauffacher.
Lasst ihn mit Gott hinübergehn. Dort drüben
25 ist kein Verräter –
Melchtal. Wie können wir uns gegenseitig informieren,
ohne den Verdacht der Tyrannen zu erregen?

1 Stauffacher stammt aus dem Kanton *Schwyz*, Walter Fürst aus dem Kanton
Uri, Melchtal aus dem Kanton *Unterwalden*.

Stauffacher. Wir könnten uns in *Brunnen* oder *Treib*[1]
versammeln, wo die Kaufmannsschiffe landen. –
Walter Fürst. So offen dürfen wir nicht zu Werke gehen. –
Hört meine Meinung. – Links am See, wenn man
5 nach Brunnen fährt, dem Mythenstein gegenüber,
liegt eine Wiese versteckt im Gehölz,
das *Rütli* heißt sie bei dem Volk der Hirten,
weil dort der Wald gerodet wurde.
Dort ist's, wo unsere Landesgrenze und die Eure
10 *(zu Melchtal)*
zusammenstoßen, und in kurzer Fahrt
(zu Stauffacher)
trägt Euch der leichte Kahn von Schwyz herüber.
Auf abgelegenen Pfaden können wir dahin
15 bei Nachtzeit wandern und uns im Geheimen beraten.
Dahin mag jeder zehn vertrauenswürdige Männer
mitbringen, die mit uns von Herzen einig sind;
so können wir gemeinsam die gemeinsame Sache
besprechen und mit Gott beschließen, was zu tun ist.
20 **Stauffacher.** So sei's. Jetzt reicht mir Eure rechte Hand,
reicht Ihr die Eure her, und so wie wir
drei Männer jetzt uns die Hände geben,
so wollen wir *drei Länder* auch
zusammenstehen, auf Tod und Leben.
25 **Walter Fürst und Melchtal.** Auf Tod und Leben!
(Sie reichen sich einige Augenblicke lang die Hände und schweigen.)
Melchtal.   Blinder alter Vater!
Du kannst den Tag der Freiheit nicht mehr *schauen,*
du sollst ihn *hören.* – Wenn von Alp zu Alp
30 die Feuerzeichen flammend sich erheben,
die festen Burgen der Tyrannen fallen,

---

1 Brunnen und Treib: zwei Ortschaften

in deine Hütte soll der Schweizer wallen[1],
zu deinem Ohr die Freudenkunde tragen
und hell in deiner Nacht soll es dir tagen[2].
(Sie gehen auseinander.)

1 wallen: eine Wallfahrt machen (wie zu einem Heiligen)
2 tagen: leuchten wie der helle Tag

1. Welche grausame Bestrafung hat Melchtals alter Vater
   erlitten? Wofür wurde er bestraft?
2. Wie reagiert sein Sohn, als er davon hört?
3. Was beschließen die drei Männer am Ende des 1. Aufzugs?

2. Aufzug, 1. Szene

Der Freiherr von Attinghausen, Edelmann aus Uri, ein Greis von 85 Jahren, begrüßt morgens seine Knechte und trinkt mit ihnen nach alter Sitte den Frühtrunk. – Ulrich von Rudenz, sein Neffe und Erbe, tritt in prachtvoller Ritterkleidung auf.

Rudenz. Hier bin ich, Onkel. – Was ist Euer Wille?
Attinghausen.
Ich sehe dich gegürtet und gerüstet,
du willst nach Altdorf zu der Herrenburg?
5 **Rudenz.** Ja, Onkel, und ich darf nicht länger warten –
Attinghausen *(setzt sich).*
Hast du's so eilig? Wie? Ist deiner Jugend
die Zeit so knapp bemessen, dass du sie
bei deinem alten Onkel sparen musst?
10 **Rudenz.** Ich sehe, dass Ihr mich nicht braucht,
ich bin ein Fremdling nur in diesem Hause.
Attinghausen *(hat ihn lange nachdenklich angesehen).*
Ja, leider bist du's! Leider ist die Heimat
zur Fremde dir geworden! – Uli! Uli![1]
15 Das ganze Land leidet unterm schweren Zorn
des Königs – jedes ehrenwerten Mannes Herz
ist kummervoll wegen der tyrannischen Gewalt,
die wir erdulden – dich allein rührt nicht
der allgemeine Schmerz – dich sieht man
20 auf der Seite des Landesfeindes stehen,
nach der leichten Freude jagen
und werben um die Fürstengunst[2], während
dein Vaterland von Peitschenhieben blutet.

---

1 Uli: Kurzform von Ulrich
2 Fürstengunst: die Gunst des Kaisers

Rudenz.

Das Land ist schwer bedrängt – warum, mein Onkel?

Wer ist's, der es gestürzt in diese Not?

Es kostet ein einziges kleines Wort,

5 um sofort die Unterdrückung los zu sein

und einen gnädigen Kaiser zu gewinnen.

Attinghausen.

Muss ich *das* hören und aus deinem Munde!

Rudenz.

10 Ihr habt mich aufgefordert, lasst mich enden. –

Welche Person ist's, Onkel, die Ihr selbst

hier spielt? Habt Ihr nicht größeren Ehrgeiz,

als hier ein Landedelmann zu sein

und neben diesen Hirten zu regieren?

15 Wie? Ist's nicht eine rühmlichere Wahl,

zu huldigen dem königlichen Herrn,

sich seinem glänzenden Hofe anzuschließen?

Attinghausen. Ach, Uli! Uli! Ich höre sie,

die Stimme der Verführung! Sie ergriff

20 dein offenes Ohr, sie hat dein Herz vergiftet.

Rudenz.

Ja, ich verheimliche es nicht – in tiefer Seele

schmerzt mich der Spott der neuen Herrn, die uns

als *„Bauern-Adel"* beschimpfen. – Nicht ertrag ich's,

25 auf meinem Erbe hier faul herumzusitzen

und bei gemeinem Tagewerk den Lenz[1]

des Lebens zu verlieren! – Anderswo

geschehen Heldentaten, eine Welt des Ruhms

zeigt sich glänzend jenseits unserer Berge. –

30 *Mir* rosten hier zu Hause Helm und Schild.

Der Kriegstrompete mutiges Getön,

---

1 Lenz: Frühling. – „Lenz des Lebens": Jugend

der Heroldsruf, der zum Turniere ladet,
er dringt in diese Täler nicht hinein.

Attinghausen.

Geh hin, verkaufe deine freie Seele,

5 nimm Land als Lehen, werd ein Fürstenknecht,
der du dein eigener Herr sein kannst und ein Fürst
auf deinem eignen Erb' und freien Boden.
Ach, Uli! Uli! Bleibe bei den Deinen!
Geh nicht nach Altdorf – o verlass sie nicht,

10 die heilige Sache deines Vaterlands!
(Er fasst seine Hand.)

Rudenz.

Ich gab mein Wort. – Lasst mich – ich bin gebunden.

Attinghausen *(lässt seine Hand los, mit Ernst).*

15 Du bist gebunden. – Ja, Unglücklicher,
du bist's, doch nicht durch Wort und Schwur,
gebunden bist du durch der Liebe Bande!
(Rudenz wendet sich weg.) –
Verstelle dich, wie du willst. Das Fräulein ist's,

20 Berta von Bruneck, die zur Herrenburg
dich zieht, dich fesselt an des Kaisers Dienst.
Das Ritterfräulein willst du dir erwerben,
indem du dich von deinem Volk abwendest. –

INFO

Turniere

Turniere sind Ritterspiele. Der Fürst und die Damen sehen
zu. Dem Sieger wird ein Ehrenpreis überreicht. Beispiele:
– Zwei Ritter reiten aufeinander zu. Jeder versucht, den
  Gegner mit der Lanze aus dem Sattel zu stoßen, sodass
  er vom Pferd fällt.
– An der Außenwand des Turnierplatzes sind Ringe aufge-
  hängt. Beim Vorbeireiten muss der Ritter mit der Lanzen-
  spitze ins Loch eines Ringes treffen und ihn wegziehen.

Täusche dich nicht!
Um dich anzulocken, zeigt man dir die Braut;
doch für dich ist sie nicht bestimmt.
Rudenz. Genug hab ich gehört. Gehabt Euch wohl!
5 *(Geht ab.)*
Attinghausen. Irregeführter Jüngling, bleib! – Er geht dahin!
Ich kann ihn hier nicht halten, ihn nicht retten.

Der fremde Zauber reißt die Jugend fort,
das Neue dringt herein mit Macht, das Alte,
das Würdige scheidet, andere Zeiten kommen,
es lebt ein andersdenkendes Geschlecht![1]
5 *(Er geht ab.)*

[1] Geschlecht: Generation

> **1.** Rudenz hat eine ganz andere Meinung zu den politi-
> schen Verhältnissen als sein Onkel und die anderen
> Schweizer, die bisher aufgetreten sind.
> Welche Meinung vertritt er?
> **2.** Wie begründet Rudenz seine Meinung?

2. Aufzug, 2. Szene

Eine Wiese von hohen Felsen und Wald umgeben. Im Hintergrund sieht man den See, über dem anfangs ein Mond-
regenbogen zu sehen ist. Das Bühnenbild zeigt hinten hohe
Berge, hinter welchen noch höhere Eisgebirge aufragen.
Es ist dunkle Nacht, nur der See und die weißen Gletscher leuchten im Mondlicht. – Melchtal und zehn Männer aus Unterwalden
treten auf, alle bewaffnet.

Melchtal *(noch hinter der Bühne).*
Der Bergweg öffnet sich, nur frisch mir nach!
Den Fels erkenn ich und das Kreuzlein drauf;
wir sind am Ziel, hier ist das Rütli.
10 *(Treten auf mit Windlichtern.)*
Winkelried.   Horch!

Sewa. Ganz leer.

Meier.   Es ist noch niemand da. Wir sind
die Ersten auf dem Platz, wir Unterwaldner.

Melchtal. Wie spät mag es sein?

5 **Baumgarten.**   Der Feuerwächter
vom Selisberg hat eben zwei gerufen.

(Man hört in der Ferne läuten.)

Meier. Still! Horch!

Am Bühel.   Das Glöcklein in der Waldkapelle

10 klingt hell herüber aus dem Schwyzerland.

Von der Flüe. Die Luft ist rein und trägt den Schall so weit.

Melchtal. Ihr könnt trocknes Holz anzünden,
dass es hell brenne, wenn die Männer kommen.

(Zwei Leute gehen.)

15 **Sewa.** Es ist eine schöne Mondnacht. Der See
liegt ruhig da, wie ein ebener Spiegel.

Am Bühel. Sie haben eine leichte Fahrt.

Winkelried *(zeigt zum See).*   Ha, seht!
Seht dorthin! Seht ihr nichts?

20 **Meier.**   Was denn? – Ja, wirklich!
Ein Regenbogen mitten in der Nacht!

Melchtal. Es ist das Licht des Mondes, das ihn bildet.

Von der Flüe. Das ist ein seltsam wunderbares Zeichen!
Es leben viele, die das noch nicht gesehen haben.

Die Männer sehen, wie ein Boot von Schwyz herüberkommt. In
dem Boot sind Stauffacher und zehn Männer aus Schwyz.
Melchtal erzählt dem Stauffacher, wie er seinen geblendeten
Vater wiedergesehen hat. Schließlich kommen auch Walter Fürst
und zehn Männer aus Uri, unter ihnen Rösselmann, der Pfarrer.

25 **Walter Fürst.** So müssen wir auf unserm eignen Erbe
und väterlichen Boden uns verstohlen

zusammenschleichen, wie es die Mörder tun,
und bei Nacht, die ihren schwarzen Mantel
nur dem Verbrecher und der lichtscheuen
Verschwörung leiht, unser gutes Recht
5 uns holen, das doch rein und klar ist.
Melchtal. Lasst's gut sein. Was die dunkle Nacht gesponnen,
soll frei und fröhlich an das Licht der Sonne.
Rösselmann. Hört, was mir Gott ins Herz gibt, Eidgenossen!
Wir stehen hier statt einer Landsgemeinde
10 und können gelten als ein ganzes Volk.
So lasst uns tagen nach den alten Bräuchen
des Landes, wie wir's in ruhigen Zeiten tun;
was ungesetzlich ist an der Versammlung,
entschuldige die Not der Zeit. Doch Gott
15 ist überall, wo man das Recht verwaltet,
und unter seinem Himmel stehen wir.
Stauffacher. Wohl, lasst uns tagen nach der alten Sitte:
Ist es auch Nacht, es leuchtet unser Recht.
Melchtal. Wenn wir auch nicht vollzählig sind,
20 die *Besten* des ganzen Volkes sind anwesend.
Rösselmann. Also gut, so sei der Ring sogleich gebildet,
man pflanze *auf* die Schwerter der Gewalt!
Auf der Mauer. Der Landes-Ammann nehme seinen Platz.
Küster. Es sind drei Völker hier. Wer soll
25 den Vorsitz führen bei der Verhandlung?
Meier. Um diese Ehre mögen Schwyz und Uri streiten,
wir Unterwaldner stehen freiwillig zurück.
Stauffacher. So nehme Uri denn das Schwert –
Walter Fürst. Des Schwertes Ehre werde Schwyz zuteil –
30 **Rösselmann.** Den edlen Wettstreit lasst mich gütlich schlichten:
Schwyz soll im Rat, Uri im Felde führen.
Walter Fürst *(reicht dem Stauffacher die Schwerter)*
So nehmt!

Stauffacher. Nicht mir, dem Alter sei die Ehre!
Im Hofe. Die meisten Jahre zählt Ulrich der Schmied.
Auf der Mauer.
Der Mann ist ehrenwert, doch nicht von freiem Stande,
5 kein leibeigner Mann kann Richter sein in Schwyz.
Stauffacher.
Steht nicht Herr Reding hier, der Alt-Landammann?
Was suchen wir noch einen Würdigeren?
Walter Fürst. Er sei der Ammann und des Tages Haupt!
10 Wer dafür stimmt, erhebe seine Hand.
(Alle heben die rechte Hand.)
Reding *(tritt in die Mitte).*
Ich kann die Hand nicht auf die Bücher legen:
So schwör ich droben bei den ewigen Sternen,
15 dass ich mich niemals will vom Recht entfernen.
(Man richtet die zwei Schwerter vor ihm auf. Der Ring bildet sich
um ihn, Schwyz steht in der Mitte, rechts stellt sich Uri und links
Unterwalden auf. Er steht auf das Schwert gestützt.)
Was ist's, das die drei Völker des Gebirges
20 hier am einsamen Ufer des Sees
zusammenführt in der Geisterstunde?
Was soll der Inhalt des neuen Bundes sein,
den wir hier unterm Sternenhimmel stiften?

Landsgemeinde

Versammlung aller stimmberechtigten Bürger eines Schweizer Kantons, um über öffentliche Angelegenheiten zu beraten und abzustimmen.
Zu Beginn bildet man einen Halbkreis, pflanzt die Richtschwerter auf und wählt einen (Land-)Ammann als Vorsitzenden. Nach der Diskussion wird durch „Handmehr" abgestimmt (Handmehr = Mehrheit durch Handaufheben).

INFO

Stauffacher *(tritt in den Ring).*
Wir stiften keinen neuen Bund, es ist
ein uraltes Bündnis aus der Zeit der Väter,
das wir erneuern! Wisset, Eidgenossen!
5 Ob uns der See, ob uns die Berge scheiden
und jedes Volk sich für sich selbst regiert,
so sind wir *eines* Stammes doch und Bluts
und *eine* Heimat ist's, aus der wir zogen.

Stauffacher ruft den Anwesenden in Erinnerung, dass alle
Schweizer, die jetzt in verschiedenen Kantonen leben, eingewan-
dert sind, als das Land noch eine völlig unbewohnte Wildnis war.

Doch *wir*, der alten Schweizer echter Stamm,
10 wir haben stets die Freiheit uns bewahrt.
Nicht vor Fürsten beugten wir das Knie;
freiwillig wählten wir den Schutz der Kaiser.
Rösselmann. Frei wählten wir des Reiches Schutz und Schirm,
so steht's vermerkt in Kaiser Friedrichs Brief.
15 **Stauffacher.** Wir haben diesen Boden uns *erschaffen*
durch unserer Hände Fleiß, den alten Wald,
der sonst der Bären wilde Wohnung war,
zu einem Sitz für Menschen umgewandelt;
die Brut des Drachen haben wir getötet,
20 der aus den Sümpfen giftgeschwollen stieg;
die Nebeldecke haben wir zerrissen,
die ewig grau über dieser Wildnis hing,
den harten Fels gesprengt, über dem Abgrund
für den Wandersmann den sicheren Steg gebaut.
25 Uns gehört durch tausendjährigen Besitz
der Boden – und der fremde Landvogt
soll kommen dürfen und uns Ketten schmieden
und Schande antun auf unsrer eignen Erde?

Gibt es keine Hilfe gegen solche Angriffe?
(Eine große Unruhe entsteht unter den Leuten.)
Nein, eine Grenze hat Tyrannenmacht:
Wenn der Unterdrückte nirgends Recht kann finden,
5 wenn unerträglich wird die Last – greift er
hinauf vertrauensvoll zum Himmel
und holt herunter seine ewigen Rechte,
die droben hängen unveräußerlich[1]
und unzerbrechlich wie die Sterne selbst. –
10 Als letztes Mittel, wenn kein anderes mehr
helfen will, ist ihm das Schwert gegeben. –
Das höchste Gut dürfen wir verteidigen
gegen Gewalt. – Wir verteidigen unser Land,
wir verteidigen unsre Frauen, unsre Kinder!

Rösselmann, der Pfarrer, fragt, ob wirklich alle friedlichen Mittel
versucht worden seien, um sich mit dem König zu einigen, und
ob es nicht doch besser sei, sich dem König zu unterwerfen. Alle
lehnen das empört ab. Alle sind für einen gewaltsamen Aufstand
gegen die Vögte.

15 **Reding.** Doch lasst hören, *wie* fangen wir es an?
Es hat der Feind die Waffen in der Hand,
wahrscheinlich wird er nicht in Frieden weichen.
Stauffacher.
Er wird's, wenn er in Waffen uns erblickt:
20 Wir überraschen ihn, ehe er sich aufrüstet.
Meier. Ist leicht gesagt, aber schwer getan.
Bei uns im Land stehen zwei Festungen,
die geben Schutz dem Feind und verbreiten Furcht,
wenn der König in unser Land einfallen sollte.

1 unveräußerlich: nicht verkäuflich

Die Burgen Rossberg und Sarnen müssen besiegt sein,
ehe man das Schwert erhebt in den drei Ländern.
Stauffacher.
Wartet man so lange, wird der Feind gewarnt;
5 zu viele sind's, die das Geheimnis teilen.
Winkelried.
Wenn wir's verschieben bis Weihnachten,
dann ist es Brauch, dass alle Leibeignen
dem Vogt Geschenke bringen auf das Schloss:
10 So können zehn Männer oder zwölf
sich unverdächtig in der Burg versammeln;
die bringen heimlich Lanzenspitzen mit,
die man geschwind kann auf die Stangen stecken,
denn niemand kommt mit Waffen in die Burg.
15 Im nahen Wald wartet dann der große Haufen,
und wenn die andern glücklich sich des Tors
bemächtigt haben, wird ein Horn geblasen,
und jene brechen aus dem Hinterhalt hervor:
So wird das Schloss mit leichter Mühe unser.
20 **Melchtal.**
Den Rossberg werde ich ersteigen,
denn eine Magd des Schlosses ist mir zugetan,
und leicht überrede ich sie, zum nächtlichen
Besuch die Strickleiter mir zu reichen. –
25 Bin ich erst droben, zieh ich die Freunde nach.
Reding.
Wollen alle, dass es verschoben werde?
(Die Mehrheit erhebt die Hand.)
Stauffacher *(zählt die Stimmen).*
30 Es ist eine Mehrheit von zwanzig gegen zwölf!
Walter Fürst. Wenn am bestimmten Tag die Burgen fallen,
so geben wir von einem Berg zum andern
das Zeichen mit dem Rauch, der Landsturm wird

aufgeboten, schnell, im Hauptort jedes Landes;
wenn dann die Vögte sehn der Waffen Ernst,
glaubt mir, dann werden sie den Streit beenden.

Stauffacher.

5 Nur mit dem Geßler fürcht ich schweren Stand,
furchtbar ist er mit Bewaffneten umgeben,
nicht ohne Blut räumt er das Feld, ja selbst
vertrieben, bleibt er furchtbar noch dem Land;
schwer ist's und fast gefährlich, ihn zu schonen.

10 **Baumgarten.**

Wo es ganz gefährlich ist, da stellt *mich* hin,
dem Tell verdank ich mein gerettet Leben.

Reding.

Die Zeit bringt Rat. Erwartet's in Geduld. –

15 Doch seht, während wir nächtlich hier noch tagen,
zeigt sich auf den höchsten Bergen schon
die Morgenröte. – Kommt, lasst uns scheiden,
bevor uns des Tages Leuchten überrascht.

Walter Fürst.

20 Sorgt nicht, die Nacht weicht langsam aus den Tälern.
(Alle haben die Hüte abgenommen und betrachten
still die Morgenröte.)

Rösselmann.

Bei diesem Licht, das uns zuerst begrüßt

25 von allen Völkern, die tief unter uns
schwer atmend wohnen in dem Qualm der Städte,
lasst uns den Eid des neuen Bundes schwören. –
Wir wollen sein ein einzig Volk von Brüdern,
in keiner Not uns trennen und Gefahr.

30 *(Alle sprechen es nach mit erhobenen drei Fingern.)* –
Wir wollen frei sein, wie die Väter waren:
eher den Tod, als in der Knechtschaft leben.
(Wie oben.) –

Wir wollen trauen[1] auf den höchsten Gott
und uns nicht fürchten vor der Macht der Menschen.
(Wie oben. Die Männer umarmen einander.)
Stauffacher.
5 Jetzt gehe jeder seines Weges still
und werbe im Stillen Freunde für den Bund. –
Was noch bis dahin muss erduldet werden,
erduldet es! Bezähme jeder die gerechte Wut
und spare für das Ganze seine Rache;
10 denn Raub begeht am allgemeinen Gut,
wer selbst sich hilft in seiner eignen Sache.
(Indem sie zu drei verschiedenen Seiten in größter Ruhe abgehen,
fällt das Orchester mit einem prachtvollen Schwung ein, die leere
Bühne bleibt noch eine Zeit lang offen und zeigt das Schauspiel
15 *der aufgehenden Sonne über den Eisgebirgen.)*

---

1 trauen: vertrauen

1. Die Umgebung auf dem Rütli ist anfangs sehr unheimlich. Welche Einzelheiten kannst du nennen?
2. Warum legen die Schweizer so viel Wert darauf, dass bei der Versammlung die Verfahrensweisen korrekt eingehalten werden?
3. Welches ist der wichtigste Grund, warum sich die Schweizer nicht dem König und seinen Vögten unterwerfen wollen?
4. Warum verschieben die Schweizer den Termin für den Aufstand?

3. Aufzug, 1. Szene

Tell ist zu Hause und mit Reparaturarbeiten beschäftigt. Man sieht ihn im Hof vor dem Haus mit einer Zimmermannsaxt. Seine Frau Hedwig ist bei ihm, mit einer häuslichen Arbeit beschäftigt. Walter und Wilhelm, die beiden Söhne, spielen mit einer kleinen Armbrust.

Walter *(singt).*

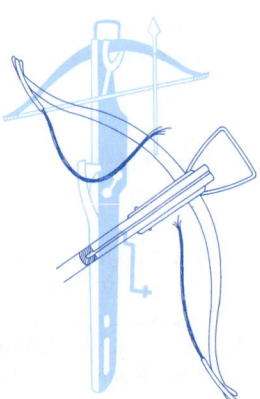

Mit dem Pfeil, dem Bogen
durch Gebirg' und Tal
kommt der Schütz gezogen
5   früh am Morgenstrahl.

Wie im Reich der Lüfte
König ist der Weih[1] –
durch Gebirg und Klüfte
herrscht der Schütze frei.

10   Ihm gehört das Weite:
Was sein Pfeil erreicht,
das ist seine Beute,
was da kreucht und fleugt[2].

(Kommt gesprungen.)
15 Der Strang ist mir entzwei. Mach ihn mir ganz, Vater.
Tell. Ich nicht. Ein rechter Schütze hilft sich selbst.
(Knaben entfernen sich.)
Hedwig. Die Knaben fangen zeitig an zu schießen.
Tell. Früh übt sich, wer ein Meister werden will.

1 Weih': ein großer Raubvogel
2 kreucht und fleugt: kriecht und fliegt

Hedwig. Ach wollte Gott, sie lernten es nie!

Tell. Sie sollen alles lernen.

Hedwig. Ach, es wird keiner seine Ruhe
zu Hause finden.

5 **Tell.**   Mutter, ich kann's auch nicht!
Zum Hirten hat die Natur mich nicht gemacht;
rastlos muss ich ein flüchtiges Ziel verfolgen.
Dann erst genieße ich mein Leben recht,
wenn ich mir's jeden Tag aufs Neue erbeute.

10 **Hedwig.**
Und an die Angst der Hausfrau denkst du nicht,
die sich, auf dich wartend, Sorgen macht?
Bei jedem Abschied zittert mir das Herz,
dass du mir nimmer werdest wiederkehren.

15 Ich sehe dich, im wilden Eisgebirge
verirrt, von einer Klippe zu der andern
den Fehlsprung tun, sehe, wie die Gämse dich
zurückspringend mit sich in den Abgrund reißt,
wie eine Lawine aus Pulverschnee dich verschüttet,

20 wie unter dir das trügerische Gletscher-Eis
einbricht und du hinabsinkst, ein lebendig
Begrabener, in das schauerliche Grab –

Tell.
Wer frisch umherspäht mit gesunden Sinnen,

25 auf Gott vertraut und auf die eigene Kraft,
der befreit sich leicht aus jeder Gefahr und Not.
(Er hat seine Arbeit vollendet, legt das Gerät weg.)
Jetzt, meine ich, hält das Tor für Jahr und Tag.
Die Axt im Haus erspart den Zimmermann.

30 *(Nimmt den Hut.)*

Hedwig. Wo gehst du hin?

Tell.   Nach Altdorf, zum Schwiegervater.

Hedwig. Hast du etwas Gefährliches im Sinn? Gesteh es mir.

Tell. Wie kommst du darauf, Frau?

Hedwig. Es tut sich etwas
gegen die Vögte. – Auf dem Rütli wurde
getagt, ich weiß, und du bist auch im Bunde.

5 **Tell.** Ich war nicht mit dabei – doch werde ich mich
dem Lande nicht entziehen, wenn es ruft.

Hedwig. Sie werden dich hinstellen, wo Gefahr ist,
das Schwerste wird dein Anteil sein, wie immer.
Den Unterwaldner hast du auch im Sturm

10 über den See geschafft. – Ein Wunder war's,
dass ihr entkommen seid. – Dachtest du denn gar nicht
an Frau und Kind?

Tell. Liebe Frau, ich dacht' an euch,
drum rettete ich den Vater seinen Kindern.

15 **Hedwig.** Zu schiffen in dem wüt'gen See! Das heißt
nicht: Gott vertrauen! Das heißt: Gott versuchen!

Tell. Wer gar zu viel bedenkt, wird wenig leisten.
(Er nimmt die Armbrust und Pfeile.)

Hedwig. Was willst du mit der Armbrust? Lass sie hier!

20 **Tell.** Mir fehlt der Arm, wenn mir die Waffe fehlt.
(Die Knaben kommen zurück.)

Walter. Vater, wo gehst du hin?

Tell. Nach Altdorf, Knabe,
zum Ehni[1]. – Willst du mit?

25 **Walter.** Ja, freilich will ich.

Hedwig. Der Landvogt ist jetzt dort. Bleib weg von Altdorf.

Tell. Er *geht*, noch heute.

Hedwig. Drum lass ihn erst fort sein.
Erinnere ihn nicht an dich, du weißt, er grollt uns.

30 **Tell.** Mir soll sein böser Wille nicht viel schaden.

Hedwig. Woher weißt du das?

---

1 zum Ehni: zum Opa

Tell.   Es ist nicht lange her,
da ging ich jagen in den wilden Schluchten
des Schächentals[1] auf menschenleerer Spur,
und als ich einsam einen Felsensteig
5 entlangging, wo nicht auszuweichen war,
denn über mir stieg steil die Felswand auf
und unten rauschte fürchterlich der Schächen –
*(Die Knaben drängen sich rechts und links an ihn
und sehen mit gespannter Neugier zu ihm auf.)*
10 da kam der Landvogt mir entgegen,
er ganz allein zu mir, der ich auch allein war,
bloß Mensch zu Mensch, und neben uns der Abgrund.
Und als der Herr mich erkannte
und mich sah mit der stattlichen Armbrust
15 dahergeschritten kommen, da wurde er blass,
die Knie versagten ihm, ich sah es kommen,
dass er jetzt an die Felswand würde sinken. –
Da tat er mir leid, ich trat zu ihm
bescheiden und sprach: „Ich bin's, Herr Landvogt."
20 Er aber konnte keinen einzigen Laut
aus seinem Mund hervorbringen. – Mit der Hand nur
winkte er mir schweigend, meines Wegs zu gehen:
Da ging ich fort und sandte zu ihm sein Gefolge.
Hedwig. Er hat vor dir gezittert. – Wehe dir!
25 Dass du ihn schwach gesehen, vergibt er dir nie.
Tell. Drum meide ich ihn und er wird *mich* nicht suchen.
Hedwig. Bleib heute nur dort weg! Geh lieber jagen!
Tell. Ich hab's versprochen, liebe Frau, zu kommen.
Hedwig. *Musst* du, so geh – nur lasse mir den Knaben!
30 **Walter.** Nein, Mütterchen. Ich gehe mit dem Vater.
Hedwig. Wälti, verlassen willst du deine Mutter?

---

1 Schächental: Tal, in dem der Bach „Schächen" fließt

Walter. Ich bring dir auch was Hübsches mit vom Ehni.
(Geht mit dem Vater.)
Wilhelm. Mutter, ich bleibe bei dir!
Hedwig *(umarmt ihn).*   Ja, du bist
5 mein liebes Kind: Du bleibst mir noch als Einziger!
(Sie geht an das Hoftor und schaut den Weggehenden lange nach.)

> **1.** Welche Vorwürfe macht Hedwig ihrem Ehemann?
> **2.** Was hat Tell kürzlich mit dem Landvogt erlebt?
>   Welche Folgerung zieht er daraus?
>   Was vermutet Hedwig?
> **3.** Warum möchte Hedwig nicht, dass Tell an diesem Tag
>   nach Altdorf geht?

3. Aufzug, 2. Szene

In einer wilden Waldgegend findet eine Jagd statt. Berta, ein
Edelfräulein, und Rudenz haben sich von den anderen entfernt
und sind allein. Sie können sich aussprechen.

Rudenz. Fräulein, jetzt endlich finde ich Euch allein,
Abgründe schließen ringsumher uns ein;
in dieser Wildnis fürchte ich keinen Zeugen.
10 **Berta.** Seid Ihr gewiss, dass uns die Jagd nicht folgt?
Rudenz. Die Jagd ist dort hinten. – Jetzt oder nie!
Ich muss den günstigen Augenblick ergreifen –
heute wird sich mein Schicksal entscheiden. –
O waffnet Eure gütigen Blicke nicht
15 mit dieser finstern Strenge! – *Wer* bin ich,
dass ich den kühnen Wunsch zu Euch erhebe?

Ich darf mich nicht vergleichen mit den Rittern,
die nach ruhmreichen Siegen um Euch werben.
Nichts hab' ich als mein Herz voll Treu und Liebe –
Berta *(ernst und streng).*
5 Dürft Ihr von Liebe reden und von Treue,
der treulos wird bei seinen nächsten Pflichten?
(Rudenz tritt zurück.)
Der Sklave Österreichs, der sich dem Fremdling
verkauft, dem Unterdrücker seines Volkes?
10 **Rudenz.**
Von Euch, mein Fräulein, hör' ich diesen Vorwurf?
Ich suche doch nur Euch auf jener Seite.
Berta. Mich glaubt Ihr auf der Seite des Verrats
zu finden?
15 **Rudenz.**   O Gott, was muss ich hören!
Berta.   Was liegt
dem guten Menschen näher als die Seinen?
Gibt's schönere Pflichten für ein edles Herz,
als ein Verteidiger der Unschuld zu sein,
20 das Recht des Unterdrückten zu beschützen? –
Ihr aber, den Natur und Ritterpflicht
dem Volk zum geborenen Beschützer gaben
und der's *verlässt*, der treulos übertritt
zum Feind und Ketten schmiedet für sein Land,
25 Ihr seid's, der mich verletzt und kränkt; ich muss
mein Herz bezwingen, dass ich Euch nicht hasse.
Rudenz. Berta! Ihr hasst mich, Ihr verachtet mich?
Berta. Tät ich's, mir wäre besser. – Aber den
verachtet *sehen* und verachtungswürdig,
30 den man gern lieben möchte –
Rudenz.   Berta! Berta!
Ihr zeigt mir das höchste Himmelsglück
und stürzt mich tief in *einem* Augenblick.

Berta. Nein, Euer edler Charakter ist noch vorhanden,
er schlummert nur, ich will ihn wecken,
Ihr müsstet Euch selbst Gewalt antun,
wenn Ihr die edle Gesinnung Eurer Abstammung
5 unterdrücken wolltet. Sie ist mächtiger als Ihr!
Rudenz. Ihr glaubt an mich! O Berta, alles lässt
mich Eure Liebe sein und werden!
Berta.   Seid,
wozu die herrliche Natur Euch machte!
10 Füllt den Platz aus, wohin sie Euch gestellt,
zu Eurem Volke steht und Eurem Lande
und kämpft für Euer heiliges Recht.
Rudenz.   Weh mir!
Wie kann ich Euch erringen, Euch besitzen,
15 wenn ich mich der Macht des Kaisers widersetze?
Ist's der Verwandten mächtiger Wille nicht,
der über Eure Heirat entscheidet?
Berta. In den Waldstätten liegen meine Güter,
und ist der Schweizer frei, so bin ich's auch.
20 **Rudenz.** Berta! Welch einen Blick tut Ihr mir auf!
Berta. Hofft nicht durch Österreichs Gunst mich zu erringen,
nach meinem Erbe strecken sie die Hand;
sie wollen mir mein Erbe wegnehmen.
Dieselbe Ländergier, die Eure Freiheit
25 verschlingen will, bedroht auch mich! –
O Freund, zum Opfer bin ich ausersehen,
an den Kaiserhof will man mich holen,
dort warten auf mich die Ketten einer verhassten Ehe:
Die Liebe nur – die Eure, kann mich retten!
30 **Rudenz.** Ihr könntet Euch entschließen hier zu leben,
in meinem Vaterland bei mir zu sein?
O Berta, all mein Sehnen in das Weite,
was war es als ein Streben nur nach Euch?

Rudenz verspricht, sich von Österreich abzuwenden, und stellt sich sein Eheglück mit Berta in den rosigsten Farben vor.

Berta. Steh zu deinem Volk!
Es ist dein angeborener Platz.
(Jagdhörner in der Ferne.)
Die Jagd
5 Kommt näher! – Fort, wir müssen uns trennen! – Kämpfe
fürs Vaterland! Dann kämpfst du für deine Liebe!
Es ist *ein* Feind, vor dem wir alle zittern,
und *eine* Freiheit macht uns alle frei!
(Gehen ab.)

> **1.** Wozu nutzt Rudenz das Alleinsein mit Berta?
> **2.** Welche politischen Ansichten vertritt Berta?
> **3.** Wie wird sich Rudenz wohl zukünftig verhalten?

3. Aufzug, 3. Szene

Auf einer Wiese in Altdorf sieht man einen Hut auf der Stange. Frießhart und Leuthold, zwei Knechte des Landvogts, halten Wache.

10 **Frießhart.** Wir passen vergeblich auf. Es will niemand
kommen und vor dem Hut eine Verbeugung
machen. Es war doch sonst wie ein Jahrmarkt hier;
jetzt ist der ganze Platz wie verödet,
seitdem das Ding da auf der Stange hängt.
15 **Leuthold.** Nur Gesindel lässt sich sehen und schwingt
uns zum Verdrusse die zerlumpten Mützen.

Was rechte Leute sind, die machen lieber
den langen Umweg um den halben Ort,
ehe sie den Rücken beugten vor dem Hut.
Es ist doch ein Schimpf für einen Reitersmann,
5 Schildwach zu stehen vor einem leeren Hut –
und jeder rechte Kerl muss uns verachten. –
Die Verbeugung zu machen vor einem Hut,
das ist doch wirklich ein närrischer Befehl!
Frießhart. Warum nicht vor einem leeren Hut?
10 Bückst du dich doch vor manchem hohlen Schädel.
Leuthold.
Und du bist auch so ein dienstfertiger Schurke
und würdest gute Leute gern ins Unglück bringen.
(Tell mit der Armbrust tritt auf, den Knaben an der Hand führend.
15 *Sie gehen an dem Hut vorbei, ohne darauf zu achten.)*
Walter *(zeigt auf den Berg).*
Vater, ist's wahr, dass auf dem Berge dort
die Bäume bluten, wenn man sie mit der Axt
schlagen würde?
20 **Tell.**   Wer sagt das, Knabe?
Walter. Der Meister Hirt erzählt's.
Tell.   Es ist wahr. –
Siehst du den Schnee dort, die weißen Gipfel,
die hoch bis in den Himmel sich verlieren?
25 **Walter.**
Das sind die Gletscher, die des Nachts so donnern
und uns die Schlaglawinen niedersenden.
Tell. So ist's, und die Lawinen hätten längst
die Ortschaft Altdorf unter ihrer Last
30 verschüttet, wenn der Wald dort oben nicht
wie ein Bollwerk sich dagegenstellte.
Walter *(nach einigem Besinnen).*
Gibt's Länder, Vater, wo *nicht* Berge sind?

Tell. Wenn man hinuntersteigt von unsern Höhen
und immer tiefer steigt, den Strömen nach,
gelangt man in ein großes, ebenes Land.
Das Korn wächst dort in langen, schönen Auen
5 und wie ein Garten ist das Land zu schauen.
Walter. Ei, Vater, warum steigen wir denn nicht
schnell hinab in dieses schöne Land,
statt dass wir uns hier ängstigen und plagen?
Tell. Das Land ist schön und gut, wie der Himmel;
10 doch die es bebauen, *sie* genießen nicht
den Segen, den die pflanzen.
Walter. Wohnen sie
nicht frei wie du auf ihrem eigenen Erbe?
Tell. Das Feld gehört dem Bischof und dem König.
15 **Walter.** Dürfen sie zumindest frei in den Wäldern jagen?
Tell. Dem Herrn gehört das Wild und alle Vögel.
Walter. Sie dürfen doch frei fischen in dem Strom?
Tell. Der Strom, das Meer, das Salz gehört dem König.
Walter. Vater, es wird mir eng im weiten Land:
20 Da wohne ich lieber unter den Lawinen.
(Sie wollen vorübergehen.)
Ei, Vater, sieh den Hut dort auf der Stange!
Tell. Was kümmert uns der Hut? Komm, lass uns gehen!
(Als er weggehen will, tritt ihm Frießhart mit vorgehaltener
25 *Pike entgegen.)*
Frießhart. In des Kaisers Namen! Haltet an und steht!
Tell *(greift in die Pike).*
Was wollt Ihr? Warum haltet Ihr mich auf?
Frießhart.
30 Ihr habt das Gebot des Vogts verletzt, Ihr müsst uns folgen.
Leuthold. Ihr habt Euch nicht vor dem Hut verbeugt.
Tell. Freund, lass mich gehen!
Frießhart. Fort, fort ins Gefängnis!

Walter. Den Vater ins Gefängnis! Hilfe! Hilfe!
(Nach hinten rufend.)
Herbei, ihr Männer, gute Leute, helft!
Gewalt! Gewalt! Sie führen ihn gefangen.
5 *(Rösselmann, der Pfarrer, und der Küster kommen herbei*
mit drei anderen Männern.)
Küster. Was gibt's?
Rösselmann.   Was legst du Hand an diesen Mann?
Frießhart. Er ist ein Feind des Kaisers, ein Verräter!
10 **Tell** *(fasst ihn heftig)*. Ein Verräter, ich!
Rösselmann.   Du irrst dich, Freund. Das ist
der Tell, ein Ehrenmann und guter Bürger.
Walter *(erblickt Walter Fürst und eilt ihm entgegen)*.
Großvater, hilf! Gewalt geschieht dem Vater.
15 **Frießhart.** Ins Gefängnis, fort!
Walter Fürst *(kommt herbeigelaufen)*.
Um Gottes willen, Tell, was ist geschehen?
(Melchtal und Stauffacher kommen.)
Frießhart. Des Landvogts Herrschaft
20 verachtet er und will sie nicht anerkennen.
Stauffacher. Das hätte der Tell getan?
Leuthold. Er hat sich vor dem Hut nicht verbeugt.
Walter Fürst. Und darum soll er ins Gefängnis, Freund?
Frießhart. Wir tun, was uns befohlen ist. – Fort mit ihm!
25 **Melchtal** *(zu den Leuten)*.
Nein, das ist schreiende Gewalt! Ertragen wir's,
dass man ihn fortführt, frech, vor unsern Augen?
Küster. Wir sind die Stärkeren. Freunde, duldet es nicht!
Frießhart. Wer widersetzt sich dem Befehl des Vogts?
30 **Noch drei Landleute** *(herbeieilend)*.
Wir helfen euch. Was gibt's? Schlagt sie zu Boden!
Melchtal. Wagt es, ihn aus unsrer Mitte wegzuführen!
Walter Fürst und Stauffacher. Ruhig! Ruhig!

Frießhart *(schreit).* Aufruhr und Empörung!

(Man hört Jagdhörner.)

Frauen. Da kommt der Landvogt!

Frießhart *(noch lauter).* Meuterei! Empörung!

5 **Stauffacher.** Schrei, bis du platzt, Schurke!

Rösselmann und Melchtal.   Willst du schweigen?

Frießhart *(ruft noch lauter).*

Zu Hilfe, zu Hilfe den Dienern des Gesetzes!

Walter Fürst. Da ist der Vogt! Weh uns, was wird das werden?

10 *(Geßler zu Pferd, den Falken auf der Faust, Rudolf der Harras,*
Berta und Rudenz, ein großes Gefolge von bewaffneten Knechten,
welche einen Kreis von Piken um die ganze Szene schließen.)

Rudolf der Harras. Platz, Platz dem Landvogt!

Geßler.   Treibt sie auseinander!

15 Was läuft das Volk zusammen? Wer ruft Hilfe?

(Allgemeine Stille.)

Wer war's? Ich will es wissen.

(Zu Frießhart.)   Du trittst vor!

Wer bist du und warum hältst du diesen Mann fest?

20 *(Er gibt den Falken einem Diener.)*

Frießhart. Gestrenger Herr, ich bin dein Waffenknecht

und beauftragter Wächter bei dem Hut.

Diesen Mann ergriff ich auf frischer Tat,

als er dem Hut den Ehrengruß verweigerte.

25 Verhaften wollte ich ihn, wie du befahlst,

und mit Gewalt will ihn das Volk entreißen.

Geßler *(nach einer Pause).*

Verachtest du so deinen Kaiser, Tell,

und *mich*, der hier an seiner Stelle gebietet,

30 dass du die Ehre versagst dem Hut, den ich

zur Prüfung des Gehorsams aufgehangen?

Deine bösen Absichten hast du mir verraten.

Tell. Verzeiht mir, lieber Herr! Aus Gedankenlosigkeit,

nicht aus Verachtung ist's geschehen;
ich bitte um Gnade, es soll nicht mehr vorkommen.
Geßler *(nach einigem Stillschweigen)*.
Du bist ein Meister mit der Armbrust, Tell:
5 Man sagt, du nimmst es auf mit jedem Schützen!
Walter Tell. Und das muss wahr sein, Herr – 'nen Apfel schießt
der Vater dir vom Baum auf hundert Schritte.
Geßler. Ist das dein Sohn, Tell?
Tell.   Ja, lieber Herr.
10 **Geßler.** Hast du mehrere Kinder?
Tell.   Zwei Knaben, Herr.
Geßler. Und welcher ist's, den du am meisten liebst?
Tell. Herr, beide sind sie mir gleich liebe Kinder.
Geßler.
15 Nun, Tell! Weil du den Apfel triffst vom Baume
auf hundert Schritte, so wirst du deine Kunst
vor mir beweisen müssen. – Nimm die Armbrust –
du hast sie gleich zur Hand – und mach dich fertig,
einen Apfel von dem Kopf des Knaben zu schießen. –
20 Doch will ich raten, ziele gut, dass du
den Apfel triffst beim ersten Schuss,
denn schießt du daneben, ist dein Kopf verloren.
(Alle zeigen ihren Schrecken.)
Tell. Herr! – Welche Ungeheuerlichkeit fordert Ihr
25 von mir? – Ich soll vom Kopfe meines Kindes –
– Nein, nein doch, lieber Herr, das kommt Euch nicht
10 in den Sinn. – Verhüt's der gnädige Gott! – Das könnt Ihr
im Ernst von einem Vater nicht verlangen!
Geßler. Du wirst den Apfel schießen von dem Kopf
30 des Knaben – ich verlange es und will es.
Tell.   Ich soll
15 mit meiner Armbrust auf das liebe Haupt
des eignen Kindes zielen? Eher sterbe ich!

Geßler. Du schießt oder stirbst *mit* deinem Knaben.

Tell. Ich soll der Mörder werden meines Kindes!
Herr, Ihr habt keine Kinder – wisst nicht,
was sich bewegt in eines Vaters Herz.

5 **Geßler.** Ei, Tell, du bist ja plötzlich so besonnen!
Man sagte mir, dass du ein Träumer bist,
du liebst das Seltsame – drum hab ich jetzt
ein besonderes Wagnis für dich ausgesucht.
Ein anderer würde es sich überlegen – *du* drückst

10 die Augen zu und führst es mutig aus.

Berta. Scherzt nicht, o Herr, mit diesen armen Leuten!
Ihr seht sie bleich und zitternd stehen. – Zu wenig
sind sie Scherze gewohnt aus Eurem Munde.

Geßler. Wer sagt Euch, dass ich scherze?

15 *(Greift nach einem Baumzweig, der über ihm hängt.)*

                                Hier ist der Apfel.
Man mache Platz! – Er nehme den Abstand,
wie's Brauch ist – achtzig Schritte geb ich ihm. –
Jetzt, Schütze, triff und verfehle nicht das Ziel!

20 **Rudolf der Harras.**
Gott, es wird ernst. – Falle nieder Knabe,
es gilt, und bitte den Landvogt um dein Leben.

Berta *(zum Landvogt).*
Lasst es genug sein, Herr! Unmenschlich ist's,

25 mit eines Vaters Angst so zu spielen.
Wenn dieser arme Mann auch Leib und Leben
verloren hat durch seine leichte Schuld, bei Gott!
Er hat jetzt zehnfachen Tod empfunden.

Geßler. Macht Platz! – Frisch! Was zögerst du?

30 Dein Leben ist verloren; ich kann dich töten,
und sieh, ich lege gnädig dein Geschick
in deine eigne kunstgeübte Hand.
Du rühmst dich deines sicheren Blicks. Nun denn!

Hier gilt es, *Schütze,* deine Kunst zu zeigen:
Das Ziel ist würdig und der Preis ist groß!

Walter Fürst *(wirft sich vor ihm nieder).*

Herr Landvogt, wir erkennen Eure Hoheit an;
5   doch lasst Gnade vor Recht ergehen, nehmt
die Hälfte meiner Habe, nehmt sie ganz!
Nur dieses Grässliche erlasst einem Vater!

Walter Tell. Großvater, knie nicht vor dem bösen Mann!
Sagt, wo ich mich hinstellen soll. Ich fürchte mich nicht.
10   Der Vater trifft den Vogel ja im Flug:
Er wird keinen Fehlschuss tun in das Herz des Kindes.

Stauffacher.

Herr Landvogt, rührt Euch nicht des Kindes Unschuld?

Rösselmann. O denkt, dass ein Gott im Himmel ist,
15   dem Ihr müsst Rechenschaft geben für Eure Taten.

Geßler *(zeigt auf den Knaben).*

Man binde ihn an der Linde dort fest!

Walter Tell. Mich festbinden!
Nein, ich will nicht festgebunden sein. Ich will
20   stillhalten wie ein Lamm und auch nicht atmen.
Wenn ihr mich bindet, nein, so kann ich's nicht,
so werde ich toben gegen meine Bande.

Rudolf der Harras. Die Augen nur lass dir verbinden, Knabe.

Walter Tell. Warum die Augen? Denkt Ihr, ich fürchte
25   den Pfeil von Vaters Hand? Ich will ihn fest
erwarten und nicht zucken mit den Wimpern. –
Frisch, Vater, zeig's, dass du ein Schütze bist!
(Er geht zur Linde, man legt ihm den Apfel auf.)

Melchtal *(zu den Leuten).*

30   Was? Soll das Verbrechen vor unseren Augen
ausgeführt werden? Wozu haben wir geschworen?

Stauffacher. Es ist vergeblich. Wir haben keine Waffen;
Ihr seht den Wald von Lanzen um uns her.

Geßler *(zu Tell)*.
Ans Werk! Man trägt eine Waffe nicht zum Spaß.
Dies stolze Recht, das sich der Bauer nimmt,
beleidigt den höchsten Herrn des Landes.

5 Bewaffnet sei nur derjenige, der ein Herr ist.
Wollt auch Ihr Pfeil und Bogen bei Euch haben,
wohl, so will *ich* das Ziel euch angeben.
Tell *(spannt die Armbrust und legt den Pfeil auf)*. Macht Platz!
Stauffacher.

10 Was, Tell? Ihr wollt wirklich – auf keinen Fall – Ihr zittert,
die Hand erbebt Euch, Eure Knie wanken –
Tell *(lässt die Armbrust sinken)*.
Mir schwimmt es vor den Augen!
Frauen. Gott im Himmel!

15 **Tell** *(zum Landvogt)*.
Erlasst mir den Schuss. Hier ist mein Herz!
(Er reißt den Kragen auf.)
Ruft Eure Reiter und stoßt mich nieder.
Geßler.

20 Ich will dein Leben nicht, ich will den Schuss. –
Du kannst ja alles, Tell, du traust dir alles zu;
das Steuerruder führst du wie den Bogen;
dich schreckt kein Sturm, wenn es zu retten gilt;
jetzt, Retter, hilf dir selbst – du rettest alle!

25 *(Tell steht in fürchterlichem innerem Kampf, mit den Händen
zuckend und die rollenden Augen bald auf den Landvogt, bald zum
Himmel gerichtet. – Plötzlich greift er in seinen Köcher, nimmt einen
zweiten Pfeil heraus und steckt ihn in seinen Halsausschnitt. Der
Landvogt beobachtet alle seine Bewegungen.)*

30 **Walter Tell** *(unter der Linde)*.
Vater, schieß endlich! Ich fürchte mich nicht.
Tell. Es muss sein!
(Er rafft sich zusammen und legt an.)

Rudenz *(der die ganze Zeit über in der heftigsten Spannung gestan-
den und mit Gewalt sich zurückgehalten hat, tritt vor).*
Herr Landvogt, weiter werdet Ihr's nicht treiben,
Ihr werdet es *nicht*. – Es war nur eine Prüfung –
5 den Zweck habt Ihr erreicht – zu weit getrieben
verfehlt die Strenge ihren weisen Zweck.
Geßler. Ihr schweigt, bis man Euch aufruft.
Rudenz. Ich *will* reden,
ich darf's! Des Königs Ehre ist mir heilig;
10 doch solche Herrschaft muss Hass erzeugen.
Das ist des Königs Wille nicht – ich darf's
behaupten. – Solche Grausamkeit verdient
mein Volk nicht, dazu habt Ihr keine Vollmacht.
Geßler. Ha, Ihr wagt es!
15 **Rudenz.** Ich habe stillgeschwiegen
zu allen schlimmen Taten, die ich sah;
doch länger schweigen wäre Verrat sowohl
an meinem Vaterland als an dem Kaiser.
Geßler. Verwegner, so sprichst du mit deinem Herrn?
20 **Rudenz.** Der Kaiser ist mein Herr, nicht Ihr! – Frei bin ich
genau wie Ihr geboren und ich messe mich
mit Euch in ritterlicher Tapferkeit.
Und würdet Ihr hier nicht in des Kaisers Namen stehen,
den Handschuh würf' ich vor Euch hin[1], Ihr solltet
25 nach ritterlichem Brauch mir Antwort geben. –
Ja, winkt nur Euren Reitern. – Ich stehe
nicht wehrlos da, wie *die* – *(auf das Volk zeigend)*
Ich hab ein Schwert,
und wer mir naht –
30 **Stauffacher** *(ruft).* Der Apfel ist gefallen!
Rösselmann. Der Knabe lebt!

---

1 den Handschuh werfen: zum Zweikampf herausfordern

Viele Stimmen.   Der Apfel ist getroffen!

(Walter Fürst schwankt und droht zu stürzen, Berta hält ihn fest.)

Geßler *(erstaunt).* Er hat geschossen? Wie? Der Rasende!

Berta. Der Knabe lebt! Kommt zu Euch, guter Vater!

5 **Walter Tell** *(kommt mit dem Apfel gesprungen).*

Vater, hier ist der Apfel! – Wusste ich's ja,

du würdest deinen Knaben nicht verletzen.

(Tell steht mit vorgebogenem Leib, als wollte er dem Pfeil folgen – die
Armbrust entsinkt seiner Hand. – Als er den Knaben kommen sieht,

10 *eilt er ihm mit ausgebreiteten Armen entgegen und hebt ihn mit hef-*
tiger Leidenschaft zu seinem Herzen; in dieser Stellung sinkt er kraft-
los zusammen. Alle stehen gerührt.)

Berta. O gütiger Himmel!

Walter Fürst *(zu Vater und Sohn).* Kinder! Meine Kinder!

15 **Stauffacher.** Gott sei gelobt!

Leuthold.   Das war ein Schuss! Davon

wird man noch reden in den spätesten Zeiten.

Rudolf der Harras. Erzählen wird man von dem Schützen Tell,

solange die Berge stehn auf ihrem Grunde.

20 *(Reicht dem Landvogt den Apfel.)*

Geßler. Bei Gott! Der Apfel ist mitten durchgeschossen!

Es war ein Meisterschuss, ich muss ihn loben.

Rösselmann. Der Schuss war gut; doch wehe dem, der ihn

dazu getrieben, dass er Gott versuchte.

25 **Stauffacher.** Kommt zu Euch, Tell, steht auf.

Rösselmann.   Bringt der Mutter ihren Sohn!

(Sie wollen ihn wegführen.)

Geßler. Tell, höre!

Tell *(kommt zurück).* Was befehlt Ihr, Herr?

30 **Geßler.**   Du stecktest

noch einen zweiten Pfeil zu dir. – Ja, ja,

ich sah es wohl. Was wolltest du damit?

Tell *(verlegen).* Herr, das ist so Brauch bei den Schützen.

Geßler. Nein, Tell, die Antwort lasse ich nicht gelten,
es wird was anderes wohl bedeutet haben.
Sag mir die Wahrheit frisch und fröhlich, Tell!
Was es auch sei, dein Leben ist dir sicher.
5 Wozu war der zweite Pfeil?
Tell.   Nun denn, o Herr,
ich will Euch die Wahrheit ganz genau sagen.
*(Er zieht den Pfeil aus dem Halsausschnitt und sieht den Landvogt
mit einem furchtbaren Blick an.)*
10 Mit diesem zweiten Pfeil hätte ich Euch erschossen,
wenn ich mein liebes Kind getroffen hätte,
und Euch – ganz sicher, hätte ich nicht verfehlt.
Geßler.
Wohl, Tell! Dein Leben habe ich dir zugesichert,
15 ich gab mein Ritterwort, das will ich halten –
doch weil ich deinen bösen Sinn erkannt,
will ich dich hinführen lassen und gefangen halten,
wo weder Mond noch Sonne dich bescheint,
damit ich sicher bin vor deinen Pfeilen.
20 Ergreift ihn, Knechte! Fesselt ihn!
(Tell wird gefesselt.)
Stauffacher.   Wie, Herr?
So könntet Ihr an einem Manne handeln,
an dem sich Gottes Hand sichtbar gezeigt hat?
25 **Geßler.** Lass sehen, ob sie ihn zweimal retten wird. –
Man bringe ihn auf mein Schiff, ich folge nach
sogleich, ich selbst will ihn nach Küßnacht bringen. –
Rebellen seid ihr alle gegen den Kaiser!
Ich kenne euch alle – ich durchschaue euch ganz –
30 *den* nehme ich jetzt heraus aus eurer Mitte;
doch alle seid ihr genauso schuldig wie er.
Wer klug ist, lerne schweigen und gehorchen.
(Er entfernt sich.)

Stauffacher *(zum Tell).*
O warum musstet Ihr den Wüterich reizen!
Tell. Beherrsche sich, wer meinen Schmerz gefühlt!
Stauffacher. O nun ist alles, alles hin! Mit Euch
5 sind wir alle gefesselt und gebunden!

> **1.** Warum wird Tell von dem Landvogt bestraft?
> (Es gibt mehrere Gründe.)
> **2.** Wie zwingt Geßler Tell zu dem Schuss?
> **3.** Wie verhält sich Tells Sohn? Warum hat er keine
> Angst?
> **4.** Warum wird Tell zum Schluss ins Gefängnis gebracht?
> Wie geschieht das?

4. Aufzug, 1. Szene

Östliches Ufer des Vierwaldstätter Sees. Steile Felsen im Westen.
Es herrscht ein Unwetter, heftiges Rauschen und Tosen, dazwi-
schen Blitze und Donner. – Kunz von Gersau berichtet dem
Fischer, was in Altdorf mit Tell geschehen ist.

Kunz. Ich sah's mit eignen Augen, Ihr könnt mir's glauben.
Es ist alles so geschehen, wie ich Euch sagte.
Fischer. Der Tell gefangen, abgeführt nach Küßnacht,
der beste Mann im Land, der stärkste Arm,
10 wenn der Kampf beginnen sollte für die Freiheit.
Kunz. Der Landvogt führt ihn selbst den See herauf.
Doch der Sturm, der jetzt heraufzieht und der
auch mich gezwungen hat, schnell hier zu landen,
mag ihre Abfahrt noch verhindert haben.

Fischer. Der Tell in Fesseln, in des Vogts Gewalt!
O glaubt, er wird ihn tief genug vergraben,
dass er des Tages Licht nicht wiedersieht!
Denn fürchten muss der Vogt die gerechte Rache
5 des freien Mannes, den er schwer gereizt!
Kunz. Der Sturm nimmt überhand. Lebt wohl!
Ich übernachte in dem Dorf, denn heute
ist doch an keine Abfahrt mehr zu denken. *(Geht ab.)*
Knabe. Es hagelt schwer: Kommt in die Hütte, Vater.
10 **Fischer.** Raset, ihr Winde! Flammt herab, ihr Blitze!
Zu zielen auf das Haupt des eignen Kindes,
das wurde keinem Vater je befohlen!
Und die Natur soll nicht in wildem Grimm
sich darüber empören. – Oh, mich soll's nicht wundern,
15 wenn die Berge brechen, wenn die Abgründe
einstürzen, eine zweite Sündflut alle
Wohnstätten der Lebendigen verschlingt!
(Man hört eine Glocke läuten.)
Knabe. Hört Ihr, sie läuten droben auf dem Berg,
20 gewiss hat man ein Schiff in Not gesehen
und zieht die Glocke, dass gebetet werde.

Der Knabe und der Fischer steigen auf eine Anhöhe und sehen
ein Schiff, das gegen die Wellen ankämpft. An dem roten Dach
und an der Fahne erkennen sie das Schiff des Landvogts. An
einer besonders gefährlichen Stelle können sie es nicht mehr
sehen. – Kurze Zeit später:

*(Wilhelm Tell mit der Armbrust. Er kommt mit raschen Schritten,
blickt erstaunt umher und zeigt die heftigste Gemütsbewegung.
Wenn er mitten auf der Bühne ist, wirft er sich nieder, die Hände*
25 *zur Erde und dann zum Himmel ausbreitend.)*
Knabe. Was seh ich! Vater! Vater, kommt und seht!

Fischer *(nähert sich)*.
Wer ist es? – Gott im Himmel! Was! Der Tell?
Wie kommt Ihr hierher? Redet!
Knabe.   Wart Ihr nicht
5 dort auf dem Schiff gefangen und gefesselt?
Tell *(steht auf)*. Ich bin befreit.
Fischer und Knabe.   Befreit! O Wunder Gottes!
Knabe. Wo kommt Ihr her?
Tell.   Dort aus dem Schiff.
10 **Fischer.**   Was?
Knabe *(zugleich)*. Wo ist der Landvogt?
Tell.   Auf den Wellen treibt er.

Auf die neugierigen Fragen des Fischers erzählt Tell, wie er sich
retten konnte:

Tell. Ich lag im Schiff, mit Stricken festgebunden,
wehrlos, ein aufgegebner Mann – nicht hofft' ich
15 das frohe Licht der Sonne mehr zu sehn,
meine Frau und meine lieben Kinder,
und trostlos blickte ich in die Wasserwüste –
Fischer. O armer Mann!
Tell.   So fuhren wir dahin,
20 der Vogt, Rudolf der Harras und die Knechte.
Mein Köcher aber mit der Armbrust lag
hinten am Heck beim Steuerruder.
Und als wir an die Ecke gerade gelangt waren
beim kleinen Axen[1], da ließ Gott
25 solch ein grausam mörderisches Ungewitter
hervorbrechen aus des Gotthards[2] Tälern,

1 Axen: Name eines Berges
2 Gotthard: Pass in den Alpen

dass alle Ruderer den Mut verloren
und alle meinten, elend zu ertrinken.
Da hörte ich, wie ein Diener sich
zum Landvogt wendete und die Worte sprach:
5 „Ihr seht Eure Not und unsere, Herr,
und dass wir alle am Rand des Todes schweben. –
Die Steuerleute wissen sich
nicht mehr zu helfen. – Nun aber ist der Tell
ein starker Mann und versteht ein Schiff zu steuern.
10 Wie wär's, wenn wir ihn jetzt gebrauchten in der Not?"
Da sprach der Vogt zu mir: „Tell, wenn du dir's
zutraust, uns zu helfen aus dem Sturm,
so würde ich dir die Fesseln abnehmen."
Ich aber sprach: „Ja, Herr, mit Gottes Hilfe
15 trau ich mir's zu und helf uns von hier weg."
So wurde ich von meinen Fesseln befreit und stand
am Steuerruder und lenkte geschickt das Boot.
Doch schielte ich seitwärts, wo mein Schießzeug lag,
und am Ufer suchte ich mit scharfen Augen,
20 wo sich die Möglichkeit zur Flucht bot.
Und als ich ein Felsenriff bemerkte,
das abgeplattet vorsprang in den See –
Fischer. Ich kenne es, es ist am Fuß des großen Axen.
Doch nicht für möglich halte ich es – gar zu steil
25 ist es –, vom Schiff es springend zu erreichen –
Tell. Schrie ich den Knechten zu, kräftig zu rudern,
bis dass wir vor die Felsenplatte kämen,
dort, rief ich, sei das Ärgste überstanden. –
Und als wir sie kräftig rudernd bald erreicht hatten,
30 flehe ich die Gnade Gottes an und drücke,
mit allen Leibeskräften mich stemmend,
das Heck gegen die Felswand.
Jetzt, schnell mein Schießzeug fassend, schwing ich selbst

hochspringend auf die Platte mich hinauf
und mit gewaltigem Fußstoß hinter mir
drücke ich das Schifflein hinaus aufs Wasser –
dort mag's, wie Gott will, auf den Wellen treiben!

5 **Fischer.** Tell, Tell, ein sichtbares Wunder hat der Herr
an Euch getan; es ist kaum zu glauben. –
Doch sagt, wo wollt Ihr jetzt hingehn?
Denn Sicherheit gibt es nicht für Euch, wenn
der Landvogt lebend diesem Sturm entkommt.

10 **Tell.** Ich hörte ihn sagen, als ich noch im Schiff
gefesselt lag, er werde bei Brunnen[1] anlegen
und über Schwyz zu seiner Burg mich führen.
Fischer. Will er den Weg dahin zu Lande nehmen?
Tell. Er denkt's.

15 **Fischer.** O so verbergt Euch, ohne zu zögern!
Nicht zweimal hilft Euch Gott aus seiner Hand.
Tell. Nennt mir den nächsten Weg nach Küßnacht.
Fischer. Die Hauptstraße führt über Steinen;
doch einen kürzeren Weg und geheimeren

20 kann Euch mein Knabe über Lowerz[2] führen.
Tell *(gibt ihm die Hand).*
Gott lohn Euch für Eure Wohltat. Lebt wohl.
Fischer. Zeig ihm den Weg, Jenni. – Gott steh' ihm bei!

1 Brunnen: Ort am Vierwaldstätter See
2 Lowerz: Ort in Schwyz

1. Als der Sturm wütet, bittet der Landvogt den Tell, das
   Steuer zu übernehmen, um alle zu retten. – Woher
   weiß er, dass Tell das kann?
2. Wie rettet Tell sich selbst?

4. Aufzug, 2. Szene

Der alte Freiherr von Attinghausen liegt im Sterben. Um ihn sind Walter Fürst, Stauffacher, Melchtal und Baumgarten. Walter Tell kniet vor dem Sterbenden. Nur Rudenz, sein Neffe, fehlt. Ohne sich um den sterbenden Mann zu kümmern, dringt Hedwig in den Raum.

Hedwig.
Wo ist mein Kind? Lasst mich, ich muss es sehen –
Stauffacher.
Beherrscht Euch! Bedenkt, dass Ihr im Haus des Todes –
5 **Hedwig** *(stürzt auf den Knaben).*
Mein Wältli! Oh, er lebt!
Walter Tell *(hängt an ihr).* Arme Mutter!
Hedwig.
Ist's auch gewiss? Bist du auch unverletzt?
10 *(Betrachtet ihn mit ängstlicher Sorgfalt.)*
Und ist es möglich? Konnte er auf dich zielen?
Wie konnte er's? O, er hat kein Herz. – Er konnte
den Pfeil abdrücken auf sein eignes Kind!
Walter Fürst.
15 Er tat's mit Angst, mit schmerzzerrissner Seele;
gezwungen tat er's, denn es galt das Leben.
Hedwig.
O hätte er eines Vaters Herz, eh er's
getan, er wäre tausendmal gestorben!
20 **Stauffacher.** Ihr solltet Gottes gnädige Fügung preisen,
die es so gut gelenkt –
Hedwig.   Kann ich vergessen,
was hätte geschehen *können*? – Gott im Himmel!
Melchtal. Frau, wüsstet Ihr, wie ihn der Vogt gereizt hat!
25 **Hedwig.** O rohes Herz der Männer! Wenn ihr Stolz

beleidigt wird, dann achten sie nichts mehr,
weder das Haupt des Kindes und noch das Herz der Mutter!
Baumgarten. Ist Eures Mannes Schicksal nicht hart genug,
dass Ihr mit schwerem Tadel ihn noch kränkt?

5 Für *seine* Leiden habt Ihr kein Mitgefühl?
Hedwig *(kehrt sich nach ihm um und sieht ihn
mit einem großen Blick an).*
Wo wart ihr, als man den Vortrefflichen
fesselte? Wo war *da* eure Hilfe?

10 Ihr saht zu, ihr ließet das Grässliche geschehen;
geduldig habt ihr zugelassen, dass man den Freund
aus eurer Mitte führte. – Hat der Tell
auch so an euch gehandelt? Stand er auch
bedauernd da, als hinter dir die Reiter

15 des Landvogts her waren, als der wütende See
vor dir brauste? In den Kahn sprang er, Weib
und Kind vergaß er und befreite dich –
Walter Fürst. Was konnten wir zu seiner Rettung wagen,
wir wenige, die unbewaffnet waren!

20 **Hedwig** *(wirft sich an seine Brust).*
O Vater! Und auch du hast ihn verloren!
Das Land, wir alle haben ihn verloren!
Uns allen fehlt er, ach, wir fehlen ihm!
Gott rette seine Seele vor Verzweiflung!

25 *(Der Freiherr erwacht.)*
Baumgarten. Er regt sich, still!
Attinghausen *(sich aufrichtend).* Wo ist er?
Stauffacher. Wer?
Attinghausen. Er fehlt mir,
30 verlässt mich in dem letzten Augenblick!
Stauffacher. Er meint den Junker.[1] – Schickte man nach ihm?

---

1 der Junker: gemeint ist Rudenz

Walter Fürst. Es wurde nach ihm geschickt. – Tröstet Euch!
Sein Herz gehört dem Vaterland, er ist unser.
Attinghausen. Hat er gesprochen für sein Vaterland?
Stauffacher. Mit Heldenmut.
5 **Attinghausen.** Warum kommt er nicht,
um meinen letzten Segen zu empfangen?
Ich fühle, dass es schnell mit mir zu Ende geht.
(Er bemerkt den Knaben.)
Wer ist der Knabe?
10 **Walter Fürst.** Segnet ihn, o Herr!
Er ist mein Enkel und ist vaterlos.
(Hedwig sinkt mit dem Knaben vor dem Sterbenden nieder.)
Attinghausen. Und vaterlos lass ich euch alle, alle
zurück. – Weh mir, dass meine letzten Blicke
15 den Untergang des Vaterlands gesehen!
Stauffacher *(zu Walter Fürst).*
Soll er in diesem finstern Kummer sterben?
Erhellen wir ihm nicht die letzte Stunde
mit dem schönen Strahl der Hoffnung? – Edler Freiherr!
20 Seid nicht mutlos! Wir sind nicht ganz
verlassen, sind nicht rettungslos verloren.
Attinghausen. Wer soll euch retten?
Walter Fürst. Wir uns selbst. Vernehmt!
Es haben die drei Länder sich das Wort
25 gegeben, die Tyrannen zu verjagen.
Geschlossen ist der Bund; ein heiliger Schwur
verbindet uns. Es wird gehandelt werden,
ehe noch das neue Jahr beginnt.
Euer Staub wird ruhen in einem freien Lande.
30 **Attinghausen.** O sagt mir! Geschlossen ist der Bund?
Melchtal.
Am gleichen Tage werden alle drei
Waldstätten einen Aufstand machen. Alles ist

bereit und das Geheimnis wohl gehütet
bis jetzt, obgleich viele Hunderte es teilen.
Hohl ist der Boden unter den Tyrannen;
die Tage ihrer Herrschaft sind gezählt.

5 **Attinghausen.** Die festen Burgen aber in den Ländern?

Melchtal. Sie fallen alle an dem gleichen Tag.

Attinghausen *(legt seine Hand auf das Haupt des Kindes,
das vor ihm auf den Knien liegt).*

Aus diesem Haupte, wo der Apfel lag,

10 wird euch die neue, bessere Freiheit grünen.
Es hebt die Freiheit siegend ihre Fahne.
Das Alte stürzt, es ändert sich die Zeit
und neues Leben blüht aus den Ruinen.

(Walter Fürsts und Stauffachers Hände fassend)

15 Drum haltet fest zusammen – fest und ewig –
kein Ort der Freiheit sei dem andern fremd. –
Seid einig – einig – einig –

*(Er fällt in das Kissen zurück – seine Hände halten noch die andern
gefasst. Fürst und Stauffacher betrachten ihn noch eine Zeit lang*

20 *schweigend, dann treten sie weg, jeder seinem Schmerz überlassen.)*

INFO

Schweizer Eidgenossenschaft

Im Jahr 1291 schlossen sich die drei Bauerngemeinden
(„Waldstätten") Uri, Schwyz und Unterwalden zu einem
„Ewigen Bund" zusammen. Mit diesem Bündnis wollten sie
sich vor Feinden schützen.
Im Lauf der Zeit erweiterte sich der Bund um immer mehr
Gemeinden. Am Ende des Mittelalters hatte sich bereits ein
festes Staatssystem herausgebildet, das nach der Ur-Wald-
stätte „Schwyz" benannt wurde.
Im Westfälischen Frieden von 1648, der den Dreißigjährigen
Krieg beendete, wurde die Schweiz als ein unabhängiger und
selbstständiger Staat anerkannt.

Erst jetzt, nach dem Tod seines Onkels, erscheint sein Neffe
Rudenz. Auch er ist tief erschüttert und beklagt, dass er nun zu
spät kommt, um seinen Onkel um Verzeihung zu bitten. Voll
Reue bietet er den übrigen Schweizern seine Unterstützung im
Kampf gegen die Unterdrücker an.

Rudenz *(kniet bei dem Toten nieder)*.
Entseelter Leichnam! Hier versprech ich dirs
in deine kalte Totenhand: Zerrissen
hab ich auf ewig alle fremden Bande,
5 zurückgegeben bin ich meinem Volk,
ein Schweizer bin ich und ich will es sein –
von ganzer Seele – – *(zu Walter Fürst)*
– Ehrwürdiger Vater, gebt mir Eure Hand!
Gebt mir die Eurige! Melchtal, auch Ihr!
10 Bedenkt Euch nicht! O wendet Euch nicht weg!
Empfanget meinen Schwur und mein Versprechen.
Walter Fürst. Gebt ihm die Hand. Sein reuevolles Herz
verdient Vertrauen.
Rudenz. Wenn wir das Land befreit, dann legen wir
15 ihm den frischen Kranz des Sieges auf die Bahre.

1. Was will Hedwig ausdrücken? (Erst greift sie ihren
   Mann an, dann nennt sie ihn „den Vortrefflichen"; sie
   macht Baumgarten Vorwürfe und sagt kein böses Wort
   über Geßler.)
2. Was ängstigt Attinghausen und was beruhigt ihn vor
   seinem Tod?

4. Aufzug, 3. Szene

Die hohle Gasse bei Küßnacht. – Mit „hohler Gasse" bezeichnet Schiller einen Hohlweg. Die Felsen rechts und links überragen den Weg und sind mit Gebüsch bewachsen.

Tell *(tritt auf mit der Armbrust).*
Durch diese hohle Gasse muss er kommen:
Es führt kein andrer Weg nach Küßnacht. – Hier
vollend' ich's.* – Die Gelegenheit ist günstig.   führe ich es aus
5 Dort der Holunderstrauch verbirgt* mich ihm;   versteckt
von dort herab kann ihn mein Pfeil erlangen*;   treffen
des Weges Enge wehret den* Verfolgern.   behindert die
Mach deine Rechnung mit dem Himmel, Vogt!
Fort musst du, deine Uhr ist abgelaufen.

10 Ich lebte still und harmlos*. – Das Geschoss   friedlich
war auf des Waldes Tiere nur gerichtet,
meine Gedanken waren rein* von Mord. –   frei
Du hast aus meinem Frieden mich heraus-
geschreckt; in gärend Drachengift hast du
15 die Milch der frommen Denkart mir verwandelt;
ans Ungeheure* hast du mich gewöhnt. –   Ungeheuerliche
Wer sich des Kindes Haupt* zum Ziele setzte,   Kopf
der kann auch treffen in das Herz des Feindes.

Die armen Kindlein, die unschuldigen,
20 das treue Weib* muss ich vor deiner Wut   Ehefrau
beschützen, Landvogt! – Da, als ich den Bogenstrang
anzog – als mir die Hand erzitterte –
als du mit grausam teuflischer Lust
mich zwangst, aufs Haupt des Kindes anzulegen –
25 als ich ohnmächtig flehend rang* vor dir: bittend die Hände rang

Die hohle Gasse bei Küßnacht

Damals gelobt' ich mir in meinem Innern
mit furchtbarem Eidschwur, den nur Gott gehört,
dass meines *nächsten* Schusses *erstes* Ziel
dein Herz sein sollte. – Was ich mir gelobt*   geschworen
5 in jenes Augenblickes Höllenqualen,
ist meine heil'ge Schuld: Ich will sie zahlen."   bezahlen

*(Man hört von ferne eine heitere Musik, welche sich nähert.– Eine
Hochzeitsgesellschaft zieht über die Bühne und durch den Hohlweg.
Tell betrachtet sie, auf seinen Bogen gestützt; Stüssi, der Feldhüter,
10 stellt sich zu ihm.)*

Stüssi.
Das ist der Klostermeier, ein reicher Mann,
er hat wohl zehn Kuhherden auf den Alpen.
Die Braut holt er jetzt ab aus Imisee
15 und diese Nacht wird kräftig gefeiert in Küßnacht.
Kommt mit! Es ist jeder ehrliche Mann eingeladen.
Tell. Ein ernster Gast passt nicht ins Hochzeitshaus.
Stüssi.
Drückt Euch ein Kummer, werft ihn frisch vom Herzen!
20 Nehmt mit, was kommt; die Zeiten sind jetzt schwer.
Drum muss der Mensch die Freude leicht ergreifen.
Hier wird geheiratet und anderswo begraben.
Tell. Und oft kommt gar das eine zu dem andern.
10 **Stüssi.** So geht die Welt nun. Es gibt überall
25 genug Unglück. – Ein Erdrutsch ist abgegangen
im Glarner Land.
Tell.   Wanken auch
die Berge selbst? Es steht nichts fest auf Erden.
15 **Stüssi.**
30 Auch anderswo vernimmt man Wunderdinge.
Da sprach ich mit einem, der von Baden kam.

Ein Ritter wollte zu dem König reiten
und unterwegs begegnet ihm ein Schwarm
Hornissen; die fallen über sein Ross her,
dass es vor Schmerzen tot zu Boden sinkt
5 und er zu Fuße ankommt bei dem König.

Tell. Dem Schwachen ist sein Stachel auch gegeben.

(Armgard kommt mit mehreren Kindern
und stellt sich an den Eingang des Hohlwegs.)

Stüssi. Wohl dem, der sein Feld bestellt in Ruhe
10 und friedlich daheimsitzt bei den Seinen.

Tell. Es kann der Frömmste nicht in Frieden bleiben,
wenn es dem bösen Nachbarn nicht gefällt.

(Tell sieht oft mit unruhiger Erwartung auf den Weg.)

Stüssi. Lebt wohl. – Ihr wartet hier auf jemanden?
15 **Tell.** Das tu ich.

Stüssi.   Frohe Heimkehr zu den Euren! –
Ihr seid aus Uri? Unser gnädiger Herr,
der Landvogt, wird noch heut von dort erwartet.

Wanderer *(kommt).*
20 Den Vogt erwartet heute nicht mehr. Die Wasser
sind über die Ufer getreten bei dem Regen,
und alle Brücken hat der Strom zerstört.

Armgard *(kommt nach vorn).*
Der Landvogt kommt nicht?

25 **Stüssi.**   Wollt Ihr was von ihm?

Armgard. Ja freilich!

Stüssi.   Warum stellt Ihr Euch denn
in dieser hohlen Gass' ihm in den Weg?

Armgard. Hier weicht er mir nicht aus, er muss mich hören.
30 **Frießhart** *(kommt eilig den Hohlweg herab und ruft).*
Man fahre aus dem Weg! – Mein gnädiger Herr,
der Landvogt, kommt dicht hinter mir geritten.

(Tell geht ab.)

Armgard *(lebhaft).* Der Landvogt kommt!
*(Sie geht mit ihren Kindern nach vorn. Geßler und Rudolf
der Harras zeigen sich zu Pferd auf der Höhe des Weges.)*
Stüssi *(zu Frießhart).* Wie kamt ihr durch das Wasser,
5 da doch der Strom die Brücken fortgerissen hat?
Frießhart. Wir haben mit dem See gekämpft, Freund,
und fürchten uns vor keinem Alpenwasser.
Stüssi. Ihr wart zu Schiff in dem gewaltigen Sturm?
Frießhart. Das waren wir. Mein Lebtag denk ich dran –
10 **Stüssi.** O bleibt, erzählt!
Frießhart. Lasst mich, ich muss voraus,
den Landvogt muss ich in der Burg anmelden. *(Ab.)*
Stüssi. Wären gute Leute auf dem Schiff gewesen,
auf den Grund gesunken wär's mit Mann und Maus;
15 *dem* Volk kann weder Wasser noch Feuer etwas anhaben.
(Er sieht sich um.)
Wo ging der Jägersmann hin, mit dem ich sprach?
(Geht ab.
Geßler und Rudolf der Harras zu Pferd.)
20 **Geßler.** Sagt, was Ihr wollt, ich bin des Kaisers Diener
und muss daran denken, wie ich ihm gefalle.
Er hat mich nicht ins Land geschickt, um dem Volk
zu schmeicheln und Milde zu zeigen. – Gehorsam
erwartet er; der Streit ist, ob der Bauer
25 in diesem Land der Herr ist oder der Kaiser.
Armgard. Jetzt ist der Augenblick! Jetzt bring ich's vor!
(Nähert sich furchtsam.)
Geßler. Ich hab den Hut nicht aufgesteckt zu Altdorf
zum Spaß oder um die Herzen
30 des Volkes zu prüfen: Die kenne ich längst.
Ich habe ihn aufgesteckt, damit sie den Nacken
beugen lernen, den sie aufrecht tragen –
das *Unbequeme* hab ich hingepflanzt

auf ihren Weg, wo sie vorbeigehen müssen,
dass sie drauf stoßen mit dem Auge und sich
erinnern an ihren Herrn, den sie vergessen haben.
Rudolf der Harras. Das Volk hat aber doch gewisse Rechte –

5 **Geßler.** Die abzuwägen, ist jetzt keine Zeit! –
Weitreichende Dinge sind im Werden,
das Kaiserhaus will wachsen; was der Vater[1]
glorreich begonnen, will der Sohn vollenden.
Dies kleine Volk ist uns ein Stein im Weg –

10 so oder so –, es muss sich unterwerfen.[2]
(Sie wollen vorüber. Die Frau wirft sich vor dem Landvogt nieder.)
Armgard. Barmherzigkeit, Herr Landvogt! Gnade! Gnade!
Geßler. Was drängt Ihr Euch auf offner Straße mir
in den Weg – zurück!

15 **Armgard.**   Mein Mann liegt im Gefängnis;
die armen Waisen schreien nach Brot. – Habt Mitleid,
gestrenger Herr, mit unserem großen Elend!
Rudolf der Harras.
Wer seid Ihr? Wer ist Euer Mann?

20 **Armgard.**   Ein armer
Mann, guter Herr, vom Rigiberge,
der überm Abgrund weg das freie Gras
abmäht von den steilen Felsenwänden,
wohin das Vieh sich nicht getraut zu steigen –

25 **Rudolf der Harras** *(zum Landvogt).*
Bei Gott, ein elendes und erbärmliches Leben!
Ich bitte Euch, gebt ihn frei, den armen Mann!
Was er auch Schweres mag verschuldet haben,
Strafe genug ist sein entsetzliches Handwerk.

30 *(Zu der Frau.)*

---

1 der Vater: gemeint ist Rudolf von Habsburg (1273–1291)
2 Zu den historischen Zusammenhängen lies „Geschichtliche Hintergründe
der Handlung" auf dem vorderen Umschlag.

Ihr sollt Euer Recht bekommen. – Drinnen auf der Burg
nennt Eure Bitte – hier ist nicht der richtige Ort.
Armgard.
Nein, nein, ich weiche nicht vom Platz,
5 bis mir der Vogt den Mann zurückgegeben!
Schon im sechsten Monat liegt er im Turm
und wartet auf den Richterspruch vergebens.
Geßler. Frau, wollt Ihr mir Gewalt antun? Hinweg!
Armgard. Gerechtigkeit, Landvogt! Du bist der Richter
10 im Lande. Tu deine Pflicht! Wenn du Gerechtigkeit
vom Himmel erhoffst, dann erweise sie uns.
Geßler.
Fort! Schafft das freche Volk mir aus den Augen!
Armgard *(greift in die Zügel des Pferdes).*
15 Nein, nein, ich habe nichts mehr zu verlieren.
Wir sind so grenzenlos unglücklich –
Geßler.   Frau, mach Platz
oder mein Ross geht über dich hinweg.
Armgard. Lasst es über mich hinweggehen. – Da –
20 *(Sie reißt ihre Kinder zu Boden und wirft sich*
mit ihnen ihm in den Weg.)   Hier lieg ich
mit meinen Kindern! – Du trittst doch längst
das Land des Kaisers mit deinen Füßen! –
Oh, ich bin nur ein Weib: Wär' ich ein Mann,
25 ich wüsste wohl was Besseres, als hier
im Staub zu liegen –
(Man hört die vorige Musik wieder, aber gedämpft.)
Geßler.   Wo sind meine Knechte?
Man reiße sie weg vom Weg oder ich
30 vergesse mich und tu, was ich bereue.
Rudolf der Harras.
Die Knechte können nicht hindurch, o Herr!
Der Hohlweg ist gesperrt durch eine Hochzeit.

Geßler. Ein allzu milder Herrscher bin ich noch
gegen dies Volk – die Zungen sind noch frei,
es ist noch nicht ganz, wie es soll, gebändigt. –
Doch es soll anders werden, ich gelobe es.
5 Ich will ihn brechen, diesen starren Sinn,
den kecken Geist der Freiheit will ich beugen,
ein neues Gesetz will ich in diesen Landen
verkünden. – Ich will –
(Ein Pfeil durchbohrt ihn, er fährt mit der Hand ans Herz
10 *und will niedersinken. Mit matter Stimme.)*
                Gott sei mir gnädig!
Rudolf der Harras.
Herr Landvogt – Gott! Was ist das? Woher kam das?
Armgard *(sich schnell aufrichtend).*
15 Mord! Mord! Er taumelt, sinkt! Er ist getroffen!
Rudolf der Harras *(springt vom Pferd).*
Welch grässliches Ereignis – Gott – Herr Ritter –
Ruft Gott um Erbarmen an! Ihr seid
ein Mann des Todes!
20 **Geßler.**   Das ist Tells Geschoss.
(Ist vom Pferd herab dem Rudolf Harras in die Arme
gesunken und wird auf einer Bank niedergelegt.)
Tell *(erscheint oben auf der Höhe des Felsens).*
Du kennst den Schützen, suche keinen andern!
25 Frei sind die Hütten, sicher ist die Unschuld
vor dir, du wirst dem Lande nicht mehr schaden.
(Verschwindet von der Höhe.)
Stüssi. Was gibt es hier? Was hat sich zugetragen?
Armgard. Der Landvogt ist von einem Pfeil durchschossen.
30 **Volk** *(kommt herbeigelaufen).*
Wer ist erschossen?
(Während die Vordersten von dem Brautzug
auf die Bühne kommen, spielt die Musik weiter.)

Rudolf der Harras. Er verblutet.
Fort, holt Hilfe! Verfolgt den Mörder! –
Verlorner Mann, so muss es mit dir enden;
doch meine Warnung wolltest du nicht hören!

5 **Stüssi.** Bei Gott, da liegt er bleich und ohne Leben!
Viele Stimmen. Wer hat das getan?
Rudolf der Harras. Ist das Volk wild geworden,
dass es zu dem Mord Musik macht? Lasst sie schweigen.
(Musik bricht plötzlich ab, es kommt noch mehr Volk herbei.)

10 Herr Landvogt, redet, wenn Ihr könnt. – Habt Ihr
mir nichts mehr anzuvertrauen?
*(Geßler gibt Zeichen mit der Hand, die er mit Heftigkeit
wiederholt, da sie nicht gleich verstanden werden.)*
Wo soll ich hin? –

15 Nach Küßnacht? Ich versteh Euch nicht. – O werdet
nicht ungeduldig. – Lasst das Irdische!
Denkt jetzt, Euch mit dem Himmel zu versöhnen.
*(Die ganze Hochzeitsgesellschaft umsteht den Sterbenden
mit einem gefühllosen Grausen.)*

20 **Stüssi.** Sieh, wie er bleich wird – jetzt, jetzt tritt der Tod
ihm an das Herz – die Augen sind gebrochen.
Armgard *(hebt ein Kind empor).*
Seht, Kinder, wie ein Tyrann stirbt!
Rudolf der Harras. Wahnsinnige Weiber, habt ihr kein Gefühl,

25 dass ihr das schreckliche Ereignis mit Lust anseht?
– Helft – legt Hand an – steht mir niemand bei,
den Schmerzenspfeil ihm aus der Brust zu ziehen?
Die Frauen *(treten zurück).*
Wir ihn berühren, den Gott gestraft hat!

30 **Rudolf der Harras.**
Fluch treffe euch und Verdammnis! *(Zieht das Schwert.)*
Stüssi *(fällt ihm in den Arm).* Wagt es, Herr!
Eure Herrschaft hat ein Ende. Der Tyrann

des Landes ist gefallen. Wir dulden
keine Gewalt mehr. Wir sind freie Menschen.
Alle *(chaotisch)*. Das Land ist frei!
Rudolf der Harras.   Ist es so weit gekommen?
5 Endet die Furcht so schnell und der Gehorsam?
(Zu den Waffenknechten, die hereindringen.)
Vergeblich ist's, den Mörder zu verfolgen.
Uns drängen andre Sorgen. – Auf nach Küßnacht,
dass wir dem Kaiser seine Festung retten!
10 *(Während er mit den Waffenknechten abgeht, erscheinen sechs*
Barmherzige Brüder.[1] *)*
Armgard. Platz! Platz! Da kommen die Barmherzigen Brüder.
Stüssi. Das Opfer liegt. – Die Raben steigen nieder.
Barmherzige Brüder
15 *(schließen einen Halbkreis um den Toten und singen in tiefem Ton)*.

      Rasch tritt der Tod den Menschen an;
      es ist ihm keine Frist gegeben;
      es stürzt ihn mitten in der Bahn,
      es reißt ihn fort vom vollen Leben.
20   Bereitet oder nicht, zu gehen,
      er muss vor seinem Richter stehen!

(Indem die letzten Zeilen wiederholt werden, fällt der Vorhang.)

---

1 Barmherzige Brüder: Mönche in schwarzen Kutten

1. Am Anfang der Szene zählt Tell noch einmal die
Gründe auf, warum er Geßler erschießen muss.
Welche sind es?
2. Wer ist Armgard? Was will sie vom Vogt erreichen?
3. Wie stirbt der Landvogt? Wie reagiert das Volk?

5. Aufzug, 1. Szene

Platz vor der großen Festung „Zwing Uri" mit den Baugerüsten, wie in der dritten Szene des ersten Aufzugs. Im Hintergrund viele Berge, auf denen Signalfeuer brennen. Es ist eben Tagesanbruch, Glocken ertönen aus verschiedenen Richtungen in der Ferne.

Ruodi. Seht ihr die Feuersignale auf den Bergen?

Steinmetz. Hört ihr die Glocken drüben überm Wald?

Ruodi. Die Feinde sind verjagt.

Steinmetz.   Die Burgen sind erobert.

5 **Ruodi.** Und wir im Lande Uri dulden noch
auf unserm Boden das Tyrannenschloss?
Sind wir die Letzten, die sich frei erklären?

Steinmetz. Auf, reißt es nieder!

Alle.   Nieder! Nieder! Nieder!

10 **Ruodi.** Kommt alle, kommt, legt Hand an, Männer und Frauen!
Brecht das Gerüst! Sprengt die Bögen! Reißt
die Mauern ein! Kein Stein bleibe auf dem andern.

Steinmetz. Gesellen, kommt! Wir haben's aufgebaut,
wir wissen's zu zerstören.

15 **Alle.**   Kommt! Reißt nieder!

*(Sie stürzen sich von allen Seiten auf den Bau. –
Melchtal und Baumgarten kommen.)*

Melchtal.
Was? Steht die Burg noch und Schloss Sarnen liegt

20 in Asche und der Roßberg ist erobert?

Walter Fürst. Seid Ihr es, Melchtal? Bringt Ihr uns die Freiheit?
Sagt! Sind die Lande alle frei vom Feind?

Melchtal *(umarmt ihn).*
Frei ist das Land. Freut Euch, alter Vater!

25 In diesem Augenblicke, da wir reden,
ist kein Tyrann mehr in dem Land der Schweizer.

Walter Fürst. O sprecht, wie habt Ihr die Burgen erobert?

Melchtal. Der Rudenz war es, der das Sarner Schloss
mit männlich kühnem Wagemut eroberte,
den Roßberg hatte ich nachts zuvor erstiegen.

Melchtal erzählt Einzelheiten von der Eroberung, besonders auch
von der Gefahr, in der sich Berta von Bruneck befand. Walter
Fürst möchte wissen, wo der Vogt Landenberg geblieben ist, dem
die Sarner Burg gehört hat.

5 **Walter Fürst.** Wo ist der Landenberg?

Melchtal.   Über den Gebirgspass.
Es lag nicht an mir, dass er das Augenlicht
behielt, er, der den Vater mir geblendet hat.
Ich verfolgte ihn, erreichte ihn auf der Flucht
10 und riss ihn zu den Füßen meines Vaters.
Geschwungen über ihm war schon das Schwert –
durch die Barmherzigkeit des blinden Greises
behielt er, um Gnade winselnd, das Geschenk des Lebens.
Urfehde[1] schwor er, nie zurückzukehren;
15 er wird sein Versprechen halten, unsere Stärke hat er
gefühlt.

Walter Fürst. Wohl Euch, dass Ihr den reinen Sieg
nicht mit Mord geschändet habt!

Kinder *(eilen mit Trümmern des Gerüsts über die Bühne).*
20   Freiheit! Freiheit!

(Das Horn von Uri wird mit Macht geblasen.)

Walter Fürst. Seht, welch ein Fest! An diesen Tag werden sich
die Kinder später als Greise noch erinnern.

(Mädchen bringen den Hut auf einer Stange.
25 *Die ganze Bühne füllt sich mit Volk.)*

---

1 Urfehde: feierlicher Verzicht auf Rache und Versprechen, sich zukünftig
  friedlich zu verhalten

Ruodi. Hier ist der Hut, vor dem wir uns beugen mussten.

Baumgarten. Sagt uns, was damit werden soll.

Walter Fürst. Gott! Unter diesem Hute stand mein Enkel!

Mehrere Stimmen. Zerstört das Denkmal der Tyrannenmacht!

5 Ins Feuer mit ihm!

Walter Fürst.   Nein, lasst ihn aufbewahren!
Der Tyrannei musste er zum Werkzeug dienen,
er soll der Freiheit ewig Zeichen sein!

(Die Leute, Männer, Frauen und Kinder, stehen und sitzen auf den
10 *Balken des zerbrochenen Gerüstes, malerisch gruppiert in einem*
großen Halbkreis.)

Melchtal.

So stehen wir nun fröhlich auf den Trümmern
der Tyrannei, und herrlich hat sich erfüllt,
15 was wir im Rütli schwuren, Eidgenossen.

Walter Fürst.

Das Werk ist angefangen, nicht vollendet.
Jetzt brauchen wir Mut und feste Eintracht,
denn seid gewiss, nicht zögern wird der König,
20 den Tod seines Vogts zu rächen.

Melchtal.

Er möge heranziehen mit seiner Heeresmacht;
ist aus dem Innern doch der Feind verjagt,
dem Feind von außen wollen wir begegnen.

25 *(Rösselmann und Stauffacher kommen.)*

Rösselmann.

Das ist ein furchtbares Gericht des Himmels.

Landleute. Was gibt's?

Rösselmann.   Hört und erstaunt!

30 **Stauffacher.** Von einer großen Furcht sind wir befreit –

Rösselmann. Der Kaiser ist ermordet.

Walter Fürst.   Gnädiger Gott!

(Die Leute umdrängen Stauffacher.)

Alle. Ermordet! Was! Der Kaiser! Hört! Der Kaiser!
Melchtal. Nicht möglich! Woher kam diese Nachricht?
Stauffacher. Es ist gewiss. Bei Bruck fiel König Albrecht
durch Mörders Hand – ein glaubwürdiger Mann,
5 *Johannes Müller*, überbrachte es aus Schaffhausen.
Walter Fürst. Wer wagte solche grauenvolle Tat?
Stauffacher. Sie wird noch grauenvoller durch den Täter.
Es war sein Neffe, seines Bruders Kind,
Herzog Johann von Schwaben, der es tat.
10 **Melchtal.** Was trieb ihn zu der Tat des Mordes?
Stauffacher. Der Kaiser hielt das väterliche Erbe
dem ungeduldig Mahnenden zurück.
Mit Freunden beschloss der Herzog, da er Recht nicht fand,
sich zu rächen mit der eigenen Hand.
15 **Walter Fürst.**
O sprecht, wie wurde das Grässliche ausgeführt?
Stauffacher.
Der König ritt herab von Stein[1] in Baden,
um nach Rheinfeld, wo die Hofhaltung war, zu ziehen,
20 mit ihm die Fürsten *Johann* und *Leopold*
und ein Gefolge hochgeborner Herren.
Und als sie kamen beim Fluss *Reuß* zur Fähre,
da drängten sich die Mörder auf das Schiff,
um so den Kaiser vom Gefolge zu trennen.
25 Darauf, als der Fürst über einen Acker reitet,
die alte Festung Habsburg vor Augen,
stößt Herzog Johann den Dolch ihm in die Kehle,
Rudolf von Palm durchsticht ihn mit dem Speer
und Eschenbach zerspaltet ihm das Haupt,
30 dass er heruntersinkt in seinem Blut.
Am andern Ufer sahen sie die Tat,

---

1 Stein: die heutige Ruine Stein in Baden, Aargau

doch, durch den Strom getrennt, konnten sie
nur ein ohnmächtiges Wehgeschrei erheben.
Melchtal. So hat er nun sein frühes Grab gegraben,
der unersättlich alles wollte haben!
5 **Stauffacher.**
Ein ungeheurer Schrecken ist im Land umher,
gesperrt sind alle Pässe des Gebirges.
Melchtal. Weiß man, wohin die Mörder flohen?
Stauffacher.
10 Sie flohen sofort nach vollbrachter Tat
auf verschiedenen Straßen auseinander
und trennten sich, um sich nie mehr zu sehen. –
Herzog Johann soll umherirren im Gebirge.
Walter Fürst. So trägt die Untat ihnen keine Frucht!
15 **Stauffacher.**
Den Mördern bringt die Untat nicht Gewinn.
Wir aber sind von einer großen Furcht befreit:
Gefallen ist der Freiheit größter Feind,
und wie verlautet, wird das Zepter gehen
20 von Habsburgs Haus zu einem anderen Herrscher.
Walter Fürst und mehrere.
Habt Ihr was gehört?
Stauffacher.   Der Graf von Luxemburg
wird von den meisten als Kandidat genannt.
25 **Walter Fürst.** Jetzt ist zu hoffen auf Gerechtigkeit!
Stauffacher. Der neue Herr braucht tapfere Freunde,
er wird uns schützen gegen Österreichs Rache.

Ein Reichsbote bringt von der Witwe des ermordeten Königs
einen Brief, in dem sie die Schweizer bittet, die Mörder ihres
Mannes festzunehmen. Die Schweizer reagieren mit Ablehnung
und Verachtung: „Wer Tränen ernten will, muss Liebe säen." Der
Kaiser und seine Vögte haben keine Liebe gesät.

Stauffacher *(zu dem Volk).*
Wo ist der Tell? Soll er allein uns fehlen,
der unsrer Freiheit Stifter ist? Das Größte
hat er getan, das Schlimmste erduldet,
5 kommt alle, kommt, zu seinem Haus zu wallen,
und ruft „Heil" dem Retter von uns allen.
(Alle gehen ab.)

> 1. Wie sind die Feuerzeichen auf den Bergen zu verstehen?
> 2. Was geschieht mit der Festung „Zwing Uri", was mit dem Hut auf der Stange?
> 3. Der Herzog Johann von Schwaben hat seinen Onkel, den Kaiser Albrecht von Habsburg, ermordet. – Warum hat er das getan?
>   Welcher Vorteil entsteht dadurch für die Schweizer?

5. Aufzug, 2. Szene

Das Bühnenbild zeigt Tells Hausflur. Ein Feuer brennt im Herd. Die Tür steht offen, sodass man ins Freie sehen kann.

Hedwig. Heute kommt der Vater. Kinder, liebe Kinder!
Er lebt, ist frei, und wir sind frei und alle!
10 Und euer Vater ist's, der das Land gerettet hat!
Walter. Und ich bin auch dabei gewesen, Mutter!
Mich muss man auch mit nennen. Vaters Pfeil
ging mir am Leben knapp vorbei und ich
habe nicht gezittert.

Hedwig *(umarmt ihn).* Ja, du bist mir wieder-
gegeben! Zweimal hab ich dich geboren!
Zweimal litt ich den Mutterschmerz um dich!
Es ist vorbei. – Ich hab euch beide, beide!
5 Und heute kommt der liebe Vater wieder!
(Ein Mönch erscheint an der Haustür.)
Wilhelm.
Sieh, Mutter, sieh – dort steht ein frommer Bruder:
Gewiss wird er um eine milde Gabe bitten.
10 **Hedwig.** Führe ihn herein, damit wir ihn erfrischen;
er soll fühlen, dass wir uns alle freuen.
(Geht hinein und kommt bald mit einem Becher wieder.)
Wilhelm *(zum Mönch).*
Kommt, guter Mann! Die Mutter will Euch erfrischen.
15 **Walter.** Kommt, ruht Euch aus und geht gestärkt wieder weg.
Mönch *(scheu umherblickend).*
Wo bin ich? Sagt mir, in welchem Lande?
Walter. Habt Ihr Euch verirrt, weil Ihr das nicht wisst?
Ihr seid in Bürglen, Herr, im Lande Uri.
20 **Mönch** *(zu Hedwig, welche zurückkommt).*
Seid Ihr allein? Ist Euer Mann zu Hause?
Hedwig.
Ich erwarte ihn eben – doch was ist mit Euch, Mann?
Ihr seht nicht aus, als ob Ihr Gutes brächtet. –
25 Wer Ihr auch seid, Ihr seid hilfsbedürftig, nehmt!
(Reicht ihm den Becher.)
Mönch. Wie sehr ich auch eine Erfrischung brauche,
nichts rühre ich an, bis Ihr mir versprochen –
Hedwig. Berührt mein Kleid nicht, tretet mir nicht zu nah,
30 bleibt ferne stehen, wenn ich Euch zuhören soll.
Mönch. Bei diesem Feuer, das hier gastlich brennt,
bei Eurer Kinder teurem Haupt, das ich
umfasse – *(Ergreift die Knaben.)*

Hedwig. Mann, was wollt Ihr? Zurück
von meinen Kindern! – Ihr seid kein Mönch.
Mönch. Ich bin der unglücklichste der Menschen.
Walter *(aufspringend).*
5 Mutter, der Vater! *(Eilt hinaus.)*
Hedwig. O mein Gott!
(Will nach, zittert und bleibt stehen.)
Wilhelm *(eilt nach).* Der Vater!
Walter *(draußen).* Da bist du wieder!
10 **Wilhelm** *(draußen).* Vater, lieber Vater!
Tell *(draußen).* Da bin ich wieder. – Wo ist eure Mutter?
(Treten herein.)
Walter. Da steht sie an der Tür und kann nicht weiter,
so zittert sie vor Schreck und Freude.
15 **Tell.** O Hedwig, Hedwig! Mutter meiner Kinder!
Gott hat geholfen – uns trennt kein Tyrann mehr.
Hedwig *(an seinem Hals).*
O Tell! Tell! Welche Angst litt ich um dich!
(Mönch wird aufmerksam.)
20 **Tell.** Vergiss sie jetzt und freue dich!
Da bin ich wieder! Das ist meine Hütte!
Wilhelm. Wo aber hast du deine Armbrust, Vater?
Ich sehe sie nicht.
Tell. Du wirst sie nie mehr sehen.
25 An heiliger Stätte ist sie aufbewahrt:
Sie wird zukünftig zu keiner Jagd mehr dienen.
Hedwig. O Tell! Tell!
(Tritt zurück, lässt seine Hand los.)
Tell. Was erschreckt dich, liebe Frau?
30 **Hedwig.**
Diese Hand – Darf ich sie fassen? – Diese Hand – o Gott!
Tell *(herzlich und stolz).*
Hat euch verteidigt und das Land gerettet:

Ich darf sie frei hinauf zum Himmel heben.
(Mönch macht eine rasche Bewegung, Tell erblickt ihn.)
Wer ist der Bruder hier?

Hedwig. Ach, ich vergaß ihn!

5 Sprich du mit ihm: Ich habe Angst in seiner Nähe.

Mönch *(tritt näher).*

Seid Ihr der Tell, durch den der Landvogt getötet wurde?

Tell. Der bin ich, ich verberge es vor keinem Menschen.

Mönch. Ihr seid der Tell! Ach, es ist Gottes Hand,

10 die unter Euer Dach mich hat geführt.

Tell *(beobachtet ihn aufmerksam).*

Ihr seid kein Mönch! Wer seid Ihr?

Mönch. Ihr erschlugt
den Landvogt, der Euch Böses tat. – Auch ich

15 hab einen Feind erschlagen, der mir Recht
vorenthielt. – Er war Euer Feind, wie meiner. –
Ich hab das Land von ihm befreit.

Tell *(zurückweichend).* Ihr seid –
Entsetzen! – Kinder! Kinder, geht hinein!

20 Geh, liebes Weib! Geh, geh! – Unglücklicher,
Ihr wäret –

Hedwig. Gott, wer ist es?

Tell. Frage nicht!
Fort, fort! Die Kinder dürfen es nicht hören.

25 **Hedwig.** Weh mir, was ist das? Kommt!
(Geht mit den Kindern.)

Tell *(zum Mönch).*

Ihr seid der Herzog Johann – Ihr seid's! Ihr habt den Kaiser
erschlagen, Euren Onkel und Herrn.

30 **Johannes Parricida**[1]. Er war
der Räuber meines Erbes.

---

1 Parricida ist ein lateinisches Wort und bedeutet „Vatermörder". Der Kaiser
war der Stiefvater von Herzog Johann von Schwaben.

Tell. Euren Onkel
erschlagen, Euern Kaiser! Und Euch trägt
die Erde noch! Euch leuchtet noch die Sonne!
Parricida. Tell, hört mich, ehe Ihr –
5 **Tell.** Vom Blute triefend
des Vatermordes und des Kaisermords,
wagst du zu treten in mein reines Haus,
du wagst es, dein Gesicht einem guten Menschen
zu zeigen und das Gastrecht zu begehren?
10 **Parricida.** Bei Euch hoffte ich Barmherzigkeit zu finden!
Auch Ihr nahmt Rache an Eurem Feind.
Tell. Unglücklicher!
Willst du deine Geltungssucht vergleichen
mit der gerechten Notwehr eines Vaters?
15 Hast du der Kinder liebes Haupt verteidigt?
Des Herdes Heiligtum beschützt? Das Schrecklichste,
das Letzte von deiner Familie abgewehrt? –
Zum Himmel heb ich meine reinen Hände,
verfluche dich und deine Tat. – Gerächt
20 hab ich die heilige Natur, die du
geschändet hast. – Nichts teile ich mit dir. – Gemordet
hast *du, ich* hab mein Teuerstes verteidigt.
Parricida.
Ihr stoßt mich von Euch, ohne Trost, in Verzweiflung?
25 **Tell.** Mich fasst ein Grausen, wenn ich mit dir rede.
Fort! Wandle deine fürchterliche Straße,
lass rein die Hütte, wo die Unschuld wohnt.
Parricida *(wendet sich zu gehen).*
So *kann* ich und so *will* ich nicht mehr leben!
30 **Tell.** Und doch habe ich Mitleid – Gott des Himmels!
Parricida. O wenn Ihr Mitleid fühlt und Menschlichkeit –
(Fällt vor ihm nieder.)
Tell *(abgewendet).* Steht auf! Steht auf!

Parricida. Nicht, bis Ihr mir die Hand gereicht zur Hilfe.

Tell. Kann ich Euch helfen? Kann's ein anderer?

Doch steht auf. – Was Ihr auch Grässliches

verübt habt – Ihr seid ein Mensch – ich bin es auch –

5 vom Tell soll keiner ungetröstet gehen –

was ich vermag, das will ich tun.

Parricida *(aufspringend und seine Hand mit Heftigkeit ergreifend).*

O Tell!

Ihr rettet meine Seele von Verzweiflung.

10 **Tell.** Hört, was mir Gott ins Herz gibt. – Ihr müsst fort

ins Land Italien, nach Rom,

dort werft Ihr Euch dem Papst zu Füßen, beichtet

ihm Eure Schuld und rettet Eure Seele.

Parricida. Wird er mich nicht dem Rächer überliefern?

15 **Tell.** Was er mit Euch tut, das nehmt an von Gott.

Parricida. Wie komm ich in das unbekannte Land?

Ich kenne den Weg nicht.

Tell. Am Abgrund geht der Weg und viele Kreuze

bezeichnen ihn, errichtet zum Gedächtnis

20 der Wanderer, die die Lawine begraben hat.

Parricida. Ich fürchte nicht die Schrecken der Natur,

wenn ich die Qualen meines Herzens überwinde.

Tell beschreibt ihm den Weg nach Rom, wo Parricida dem Papst
seine schwere Sünde beichten soll.

Tell. Ich höre Stimmen. Fort!

Hedwig *(eilt herbei).* Wo bist du, Tell?

25 Mein Vater kommt! Es nahen in frohem Festzug

die Eidgenossen alle –

Parricida *(verhüllt sich).*

Wehe mir!

Ich darf nicht weilen bei den Glücklichen.

5. Aufzug, letzte Szene

Die Bühne zeigt das Tal vor Tells Wohnung und die Anhöhen, auf denen sich die Schweizer versammeln. Walter Fürst mit den beiden Knaben, Melchtal und Stauffacher kommen in den Vordergrund, andere drängen nach. Als Tell heraustritt, empfangen ihn alle mit lautem Jubel.

Alle. Es lebe Tell, der Schütz' und der Erretter!
(Indem sich die Vordersten um Tell drängen und ihn umarmen,
erscheinen noch Rudenz und Berta. Er umarmt die Leute, sie
umarmt Hedwig. Die Musik vom Berg begleitet diese stumme Szene.
5 *Wenn sie aufhört, tritt Berta in die Mitte des Volkes.)*
Berta. Schweizer! Eidgenossen! Nehmt mich auf
in euren Bund, die erste Glückliche,
die Schutz gefunden hat in dem Land der Freiheit.
Wollt ihr als eure Bürgerin mich schützen?
10 **Landleute.** Das wollen wir mit Gut und Blut!
Berta.   Wohlan!
So reiche ich diesem Jüngling meine Rechte,
die freie Schweizerin dem freien Mann!
Rudenz. Und frei erklär ich alle meine Knechte.
15 *(Indem die Musik von Neuem rasch ertönt, fällt der Vorhang.)*

> **1.** Wie wird Tell von seiner Frau und später von den Schweizern empfangen?
> **2.** Welchen Unterschied macht Tell zwischen seiner Tat und der Tat des Herzogs Johann Parricida?

Telldenkmal vor dem Rathaus in Altdorf, Kanton Uri

Geßler
Tell, höre!

Tell (kommt zurück)
Was befehlt ihr, Herr?

Geßler

Du stecktest
Noch einen zweiten Pfeil zu dir – Ja, ja,
Ich sah es wohl – Was meintest du damit?

Tell (verlegen)
Herr, das ist also bräuchlich bei den Schützen.

Geßler
Nein Tell, die Antwort laß ich dir nicht gelten,
Es wird was anders wohl bedeutet haben.
Sag mir die Wahrheit frisch und fröhlich, Tell,
Was es auch sei, dein Leben sichr' ich dir.
Wozu der zweite Pfeil?

Tell

Wohlan, o Herr,
Weil ihr mich meines Lebens habt gesichert,
So will ich euch die Wahrheit gründlich sagen.
(er zieht den Pfeil aus dem Goller und sieht den Landvogt
mit einem furchtbaren Blick an)
Mit diesem zweiten Pfeil durchschoß ich – Euch,
Wenn ich mein liebes Kind getreffen hätte,
Und Eurer – wahrlich! hätt' ich nicht gefehlt.

Geßler
Wohl, Tell! Des Lebens hab ich dich gesichert,
Ich gab mein Ritterwort, das will ich halten –
Doch weil ich deinen bösen Sinn erkannt,
Will ich dich führen lassen und verwahren,
Wo weder Mond noch Sonne dich bescheint,
Damit ich sicher sei vor deinen Pfeilen.
Ergreift ihn, Knechte! Bindet ihn!

Geßler. Tell, höre!
Tell *(kommt zurück).* Was befehlt Ihr, Herr?
Geßler. Du stecktest
noch einen zweiten Pfeil zu dir. – Ja, ja,
ich sah es wohl. – Was wolltest du damit?
Tell *(verlegen).* Herr, das ist so Brauch bei den Schützen.
Geßler.
Nein, Tell, die Antwort lasse ich ... nicht gelten,
es wird was anderes wohl bedeutet haben.
Sag mir die Wahrheit frisch und fröhlich, Tell!
Was es auch sei, dein Leben ist dir sicher.
Wozu war der zweite Pfeil?
Tell. Nun denn, o Herr,

....

ich will Euch die Wahrheit ganz genau sagen.
(Er zieht den Pfeil aus dem Halsausschnitt und sieht den Landvogt mit einem furchtbaren Blick an.)
Mit diesem zweiten Pfeil hätte ich Euch erschossen,
wenn ich mein liebes Kind getroffen hätte,
und Euch – ganz sicher, hätte ich nicht verfehlt.
Geßler.
Wohl, Tell! Dein Leben habe ich dir zugesichert,
ich gab mein Ritterwort, das will ich halten –
doch weil ich deinen bösen Sinn erkannt,
will ich dich hinführen lassen und gefangen halten,
wo weder Mond noch Sonne dich bescheint,
damit ich sicher bin vor deinen Pfeilen.
Ergreift ihn, Knechte! Fesselt ihn!

Bildquellenverzeichnis

Umschlag: Tellspiele, Interlaken/Schweiz (Titelbild); Schiller-Nationalmuseum, Marbach/N. (Friedrich von Schiller, Pastellbildnis von Ludovike Simanowiz, 1793); Österreichische Nationalbibliothek, Wien (Maximilian I.)
S. 13, 57: Tellspiele, Interlaken/Schweiz – S. 27: Schiller-Theater, Berlin 1951; Foto: AKG (Gert Schuetz) – S. 23, 33, 51: Düsseldorfer Schauspielhaus 1997; Foto: Sonja Rothweiler – S. 47: Schiller-Theater, Berlin 1951; Foto: ullstein bild – S. 71: Roland Zumbühl, Arlesheim/Schweiz – S. 91: Kloster Ettal; Foto: Georg Roß – S. 93: Diethard Lübke, Meppen

Materialien im Internet

Lehrerinnen und Lehrern bieten wir zu diesem Schauspiel didaktische Materialien unter www.cornelsen.de/einfachklassisch an.

Redaktion: Gerlinde Bauer, Regensburg

Zeichnungen, Karte: Ursula Abramowski-Lautenschläger, Berlin
Umschlaggestaltung: Knut Waisznor
Layout: Julia Walch, Bad Soden
Technische Umsetzung: Verlagsbüro Bauer & Lutz, Regensburg

www.cornelsen.de

2. Auflage, 12. Druck 2024

Alle Drucke dieser Auflage sind inhaltlich unverändert und können im Unterricht nebeneinander verwendet werden.

© 2003 Cornelsen Verlag, Berlin
© 2017 Cornelsen Verlag GmbH, Berlin

Das Werk und seine Teile sind urheberrechtlich geschützt. Jede Nutzung in anderen als den gesetzlich zugelassenen Fällen bedarf der vorherigen schriftlichen Einwilligung des Verlages. Hinweis zu §§ 60 a, 60 b UrhG: Weder das Werk noch seine Teile dürfen ohne eine solche Einwilligung an Schulen oder in Unterrichts- und Lehrmedien (§ 60 b Abs. 3 UrhG) vervielfältigt, insbesondere kopiert oder eingescannt, verbreitet oder in ein Netzwerk eingestellt oder sonst öffentlich zugänglich gemacht oder wiedergegeben werden. Dies gilt auch für Intranets von Schulen und anderen Bildungseinrichtungen.

Druck: H. Heenemann, Berlin

ISBN 978-3-464-60939-2

PEFC zertifiziert
Dieses Produkt stammt aus nachhaltig bewirtschafteten Wäldern und kontrollierten Quellen.

www.pefc.de

PEFC
PEFC/04-31-1156